HEYNE <

Das Buch

Orbs schließen das Tor zur geistigen Welt auf und lassen uns die Energie der Liebe, der Hoffnung und des Lichts empfangen. Manche sind so außergewöhnlich, dass wir bis tief ins Herz hinein Ehrfurcht und Staunen verspüren. Die weltberühmte spirituelle Lehrerin Diana Cooper erklärt, wie Engel, Feen und Einhörner in den Orbs zu erkennen sind. Jeder Mensch, der aufmerksam und offen für Veränderungen ist, kann ihre Botschaften verstehen und für das eigene Leben fruchtbar machen. Orbs lassen uns eine Erkenntnis zuteilwerden, die direkt aus höheren Dimensionen kommt, damit in unserem Innern das wahre Licht erstrahlen kann.

Der Autor

Die Heilerin und mediale Schriftstellerin Diana Cooper machte während einer Lebenskrise eine transformierende Erfahrung mit einem engelhaften Wesen, das sie auf eine innere Reise ins Universum mitnahm. Dieses Erlebnis bewog sie, ihr Leben der Heilung und dem Dienst an der Menschheit zu widmen und sich dabei von den Engeln unterstützen zu lassen. Diana Cooper hat zahllosen Menschen geholfen, ihre Berufung im Leben zu finden, ihr Potenzial auszuschöpfen und ihrem Dasein mehr Sinn zu geben.

Lieferbare Titel von Diana Cooper bei Heyne:

Der neue Engelratgeber, ISBN 978-3-453-70157-1
Die Engel antworten, ISBN 978-3-453-70187-8
Die Engel, deine Freunde, ISBN 978-3-453-70107-6
Schlüssel zur höheren Welt + CD, ISBN 978-3-453-70213-4
Begegne deiner Seele, ISBN 978-3-453-70060-4
Die Kraft des inneren Friedens, ISBN 978-3-453-70064-2
In Licht und Liebe leben, ISBN 978-3-453-70054-3
Ich schenke mir ein neues Leben, ISBN 978-3-453-70027-7
Das Wunder des Einhorns, ISBN 978-3-453-70175-5

DIANA COOPER
KATHY CROSSWELL

ORBS

Boten der Liebe, Heilung und Weisheit

Aus dem Englischen übersetzt
von Manfred Miethe

WILHELM HEYNE VERLAG
MÜNCHEN

Die englische Originalausgabe erschien 2008 unter dem Titel
Enlightenment Through Orbs im Verlag Findhorn Press, Schottland.

Hinweis des Verlages
Alle Informationen über Orbs und alle Interpretationen in diesem Buch sind Diana Cooper und Kathy Crosswell von der geistigen Hierarchie übermittelt worden und spiegeln daher nicht notwendigerweise die Ansichten der Eigentümer der Fotos wider.

MIX
Papier aus verantwortungsvollen Quellen
FSC® C006701
FSC
www.fsc.org

Verlagsgruppe Random House FSC®-N001967.
Das für dieses Buch verwendete FSC®-zertifizierte Papier *Offset Maxi* liefert Igepa, Hamburg

Taschenbucherstausgabe 12/2013

Printed in Germany 2013
Umschlaggestaltung: Guter Punkt, München, unter Verwendung von Motiven von shutterstock
Gesetzt aus der Guardi bei Guter Punkt, München
Herstellung: Helga Schörnig
Druck und Bindung: CPI – Ebner & Spiegel, Ulm
ISBN 978-3-453-70243-1

http://www.heyne.de

INHALT

EIN PAAR EINLEITENDE WORTE

DIANAS GESCHICHTE ZU DIESEM BUCH

Ich lernte Kathy im Haus einer Freundin kennen, und wir verstanden uns auf Anhieb sehr gut. Sie war ein Medium, und sie spielte Tischtennis – für mich eine unwiderstehliche Kombination. Ich war gerade damit beschäftigt, *The Wonder of Unicorns*[1] zu schreiben, und fragte mich oft, ob ich jemals die Zeit finden würde, dieses Projekt auch zu Ende zu bringen.

Man sagt, wenn man sicher sein will, dass ein Projekt realisiert wird, soll man am besten einen Menschen damit beauftragen, der voll ausgelastet ist und überhaupt keine Zeit hat. Genau das hatten sich wohl auch unsere Führer gedacht, denn sie brachten Kathy und mich zusammen und baten uns, ein Buch über Orbs zu schreiben.

Am ersten Abend gaben sie uns Informationen zu einigen Orbs, von denen wir bereits Fotos hatten, und wir fanden diese so faszinierend und so fantastisch, dass wir total aus dem Häuschen waren. Ich hatte noch nie mit Kathys Führer Wywyvsil gesprochen und sie noch nie mit Kumeka, aber die neuen Kontakte stellten sich erstaunlich schnell her.

Natürlich sagten wir zu, das Buch zu schreiben. Ich fühlte mich geehrt, dass ich gefragt worden war. Es war in der Tat eine erstaunliche Erfahrung, da unsere Führer, Engel, Erzengel und sogar noch höhere Wesen aus der Hierarchie der Engel mit uns gemeinsam daran arbeiteten. Ich habe dabei so vieles über so viele Dinge gelernt.

Ich kam zudem in Kontakt mit geistigen Wesen, denen ich noch nie vorher begegnet war. Ich hatte ja keine Ahnung, dass die Engel, Erzengel, Feen, Elementarwesen, Einhörner, Meister, Führer und andere Wesen so viel tun, um uns zu helfen. Das

1 Deutsch: *Das Wunder des Einhorns. Begegnung mit den erleuchteten Wesen der siebten Dimension.* Ansata Verlag, München 2008

Ausmaß ihres Engagements für uns und unseren Planeten übersteigt meine bisherigen Vorstellungen bei Weitem.

Schon bald hatten wir erkannt, dass die Orbs nur darauf warten, uns die geistigen Welten zu zeigen und uns beobachten zu lassen, wie diese mit uns interagieren.

MEINE VERBINDUNG ZU KATHY

Mein Geistführer Kumeka erzählte uns, dass Kathy und ich im goldenen Atlantis leibliche Schwestern gewesen waren und als Priesterinnen in einem Tempel gearbeitet hatten. Aus diesem Grund wurden wir für dieses Orb-Projekt zusammengebracht. Kumeka fügte hinzu, dass jede von uns dieses Buch auch allein hätte schreiben können, dass wir aber gemeinsam eine höhere, reinere Energie erzeugen würden. Wir erfuhren auch, dass wir vom selben Ursprungsplaneten stammen, der sich nicht in diesem Universum befindet. Dieses Wissen stellte eine weitere, spezielle Verbindung zwischen uns her.

MEINE VERBINDUNG ZU KUMEKA

Ich habe in mehreren Veröffentlichungen über meine Verbindung zu meinem Führer Kumeka geschrieben, der jetzt Meister des achten Strahls ist. Er hat mir geholfen, viele Bücher zu schreiben, und war häufig bei mir, wenn ich Seminare abhielt. Nachdem ich gemeinsam mit Shaaron Hutton *Discover Atlantis*[2] geschrieben hatte, zog sich Kumeka zurück. Es fühlte sich für mich sehr merkwürdig an, seine Gegenwart plötzlich nicht mehr zu spüren.

Man stelle sich meine Freude vor, als er zurückkehrte, um mit mir an diesem Buch zu arbeiten. Ich war überglücklich! Weil ich mich ihm so nahe fühle, bin ich für seine Informationen besonders empfänglich.

2 Deutsch: *Entdecke Atlantis. Das Urwissen der Menschheit verstehen und heute nutzen.* Ansata Verlag, München 2006

MEIN SPIRITUELLER WEG

Mein Weg begann, als ich 42 Jahre alt und völlig verzweifelt war. Ich wurde damals von einem Engel besucht, woraufhin sich mein gesamtes Dasein veränderte. Nach diesem Erlebnis widmete ich mein Leben ganz der Spiritualität und dem Dienst am Planeten. Seither befinde ich mich auf einer unglaublich aufregenden und erstaunlichen Reise. Ich habe mit Engeln, Einhörnern und der gesamten spirituellen Hierarchie gearbeitet und die ganze Welt bereist, um dem Geistigen zu dienen. Nun haben unsere Führer und Engel geduldig viele Stunden damit zugebracht, Kathy und mir das notwendige Wissen über Orbs zu vermitteln. Und sie haben uns gebeten, das Wissen zu verbreiten, dass durch sie die Erleuchtung vorangetrieben wird.

WIE DIESES BUCH GESCHRIEBEN WURDE

Ich bin hellwissend und medial begabt. Gelegentlich bin ich auch hellsichtig, aber meistens *weiß* ich einfach. Ich vermute, ich habe mich im Laufe der Jahre immer mehr auf Kumeka, die Engel und die Einhörner eingestimmt. Während wir dieses Buch vorbereiteten, sahen Kathy und ich uns ein Orb-Foto an und stellten dabei Fragen. Mein Verstand wurde dann ganz still und die Antworten tauchten auf.

Da Kathy ein Medium und außerdem hellfühlend ist, empfing sie die Antworten auf eine andere Art und Weise. Sie hat zudem die Fähigkeit, direkt in einen Orb hinein- und durch ihn hindurchzugehen, um so kosmische Informationen auf einer sehr tiefen Ebene zu erlangen. Wir entdeckten, dass wir zwar unterschiedliche geistige und mediale Gaben besaßen, dass diese sich aber perfekt ergänzten. Daher arbeiteten wir sehr gut zusammen. Da jede von uns einen anderen Ausschnitt des Gesamtbildes erkannte, war dies für uns beide ein sehr aufregendes Projekt.

Viele große Wesen des Lichts haben uns mit Informationen versorgt, darunter Erzengel Michael, Serapis Bey, die Einhörner und Meister Kuthumi, der Weltlehrer. Die außergewöhnlichste Begegnung fand an einem Samstagnachmittag statt. Mutter Maria erschien, um mit uns zu reden. Da ich schon oft mit ihr gearbeitet habe, war es ein vertrauter und wunderschöner Kontakt. Sie deutete noch an, dass sie uns auf jemand Größeres vorbereiten wolle, als es plötzlich ganz still wurde.

Unsere neue telepathische Verbindung kam nur sehr langsam zustande, so als ob es für das Wesen, das mit uns in Kontakt treten wollte, sehr schwierig wäre, seine Schwingung auf unser Niveau zu senken, aber schon bald beschleunigte sich der Vorgang – und plötzlich fühlten wir uns wahrhaft verbunden. Es stellte sich heraus, dass ein Seraphim mit uns in Kontakt getreten war. Ich sagte ihm, dass ich bisher gedacht hatte, Seraphim würden nicht mit Menschen arbeiten. Die Antwort lautete, dass sie dies zwar im Allgemeinen tatsächlich nicht tun, dass sie aber an Projekten arbeiten, die für die ganze Menschheit wichtig sind. Wir waren von tiefer Ehrfurcht erfüllt, als wir spürten, welch große Verantwortung uns damit auferlegt worden war, diese Informationen über Orbs zu verbreiten.

DIE ORBS

Wenn man sich Orbs anschaut, erfährt man Heilung, Transformation und Erleuchtung[3]. Jeder einzelne Orb ist ein spirituelles Wesen und taucht auf einem Foto auf, um eine Geschichte zu erzählen. Die Orbs sind wahrhaft außergewöhnlich. Ich kann auch nicht annähernd beschreiben, wie man sich dabei fühlt, wenn man sich auf einen einstimmt. Beinahe vom ersten Tag an, als ich einen sah, blitzten sie Tag und Nacht in meinem dritten Auge auf und öffneten mich mehr und mehr. Bei einigen Orbs

3 In diesem Buch wird der Begriff Erleuchtung weniger als großes, gewissermaßen endgültiges Erwachen verwendet, sondern vielmehr als Umschreibung dafür, dass einem Menschen höhere Erkenntnisse zuteilwerden und er mehr Licht in seinem Inneren erstrahlen lassen kann (Anm. d. Übers.).

habe ich das Gefühl, eine andere Welt zu betreten, bei anderen spüre ich, dass ich in Liebe eingehüllt werde. Einer oder zwei spielen mit meinen innersten Gefühlen, weil sie so emotional sind. Einige sind so außergewöhnlich, dass ich von den Zehen bis tief in mein Herz hinein Ehrfurcht und Staunen verspüre. Manchmal fühle ich, dass Einhörner aus den Orbs herausspringen und mich mit ihrer Liebe, ihrer Hoffnung und ihrem Licht erfüllen. Bei anderer Gelegenheit habe ich das Gefühl, als ob die Energie eines Erzengels um mich herum ist. Ich kann dann fühlen, wie seine Farben meinen Körper umspielen. Diese Erfahrungen sind für mich immer wieder vollkommen verblüffend.

Ich hoffe sehr, dass Sie beim Lesen dieses Buches genauso viel Freude haben werden, wie ich Freude daran hatte, mit diesen Wesen zu arbeiten.

KATHYS GESCHICHTE

Als Kind lebte ich in einem Häuschen auf dem Land, in dem das Geistige sehr lebendig war. Ich wusste damals, dass ich Geister sehen konnte, aber ich hatte große Angst vor ihnen. Ich versteckte mich oft unter der Bettdecke, wenn ich in der Nacht, wenn alle anderen ins Bett gegangen waren und es still geworden war, Schritte auf der Treppe hörte. Dann betrat eine Gestalt mein Zimmer und schaute aus dem Fenster.

Während dieser Phase meiner spirituellen Entwicklung war ich nicht in der Lage, mit diesen Geistern zu kommunizieren. Meine Mutter, die ebenfalls sehr intuitiv ist, half mir. Mein Bruder George, dem ich dieses Buch gewidmet habe, war sich der Geister ebenfalls klar bewusst. Als er noch ein Kind war, saß häufig ein Geist an seinem Bettende. Später fand er heraus, dass dies ein sehr guter Freund aus einem anderen Leben gewesen war.

Mit Anfang zwanzig lernte ich meinen Mann Paul kennen. Er ist ein ganz wunderbarer Mann, ein erstaunlicher Heiler und spiritueller Lehrer mit einer instinktiven Intuition, der von hohen Wesen geführt wird. Wir haben drei wunderbare Kinder, die ebenfalls sehr intuitiv sind und auch geführt werden. Paul und ich begannen unseren Weg des spirituellen Wachstums und der spirituellen Entwicklung gemeinsam Anfang der Achtzigerjahre des letzten Jahrhunderts.

Mir wurde schon bald klar, dass ich hellfühlend und hellwissend bin und manchmal, wenn ich Glück habe, auch hellsehen kann. Ich verspüre große Demut, dass ich mit diesen Gaben gesegnet wurde, und ich freue mich, dass ich die Inspiration, die ich von meinen Führern erhalte, mit anderen teilen kann. Ich helfe anderen von Herzen gern dabei, ihr spirituelles Potenzial zu verwirklichen, und ich habe große Freude daran, ein Medium zu sein.

Meine Seminare zur spirituellen Entwicklung geben mir unendlich viel, auf vielerlei Art und Weise. Es ist für mich sehr befriedigend zu sehen, wie Menschen ihre spirituellen Verbindungen und Fähigkeiten entwickeln. Oft fehlt es ihnen an Selbstvertrauen, aber durch bestimmte, ganz einfache Übungen, die zudem noch Spaß machen, erfahren sie, dass sie geführt werden und dass sie mit ihren Führern und anderen geistigen Wesen kommunizieren können. Jedes Seminar und jede Gruppe, die ich leite, gibt mir ein Gefühl des Glücks, weil ich eine Arbeit tun kann, die anderen so viel Freude bringt.

Mein Bruder George war ein äußerst gütiger und fürsorglicher Mann. Die umfassenden und detaillierten Informationen, die er aus der geistigen Welt erhielt, erstaunten und begeisterten ihn immer wieder. Er war schon immer ein sehr philosophischer Mensch gewesen und konnte uns Einsichten in viele technische und wissenschaftliche Themen vermitteln. Er war in der Lage, die Dinge in die richtige Perspektive zu rücken, und er half mir, mit beiden Beinen fest auf dem Boden zu stehen.

Eines Abends kam er zu mir nach Hause. Er war ganz aufgeregt, denn er hatte gerade die nötige Ausrüstung zusammengebracht, um Orbs in Aktion zu fotografieren. Er stellte die Geräte auf, und wir verbrachten einen äußerst angenehmen Abend damit, Orbs in jedem Zimmer meines Hauses aufzunehmen.

Das erstaunlichste Ereignis fand statt, als mein Mann Paul mit George eine Heilsitzung abhielt. Die Orbs sammelten sich um die beiden und kamen ihnen so nahe, dass eine Art Nebel um Paul und George herum entstand. Die Orbs umkreisten die beiden, und erst als die Heilsitzung beendet war, nahmen sie ihre normalen Bewegungen wieder auf. Mein Bruder gab mir seine Ausrüstung, damit ich auch weiterhin Orbs in Aktion aufnehmen konnte.

Eines Abends nahm ich die Geräte mit zu Diana. Wir waren entzückt, als die Orbs ganz nahe an uns herankamen. Es erstaunte uns, wie sie ihre Bewegungen änderten, je nachdem, was wir gerade taten. Es war einfach wunderschön.

WIE ICH DIANA BEGEGNETE

Ich lernte Diana bei unserer gemeinsamen Freundin Sue Stone kennen. Sue ist eine sehr gute Freundin von mir und ermutigt mich immer, aus dem auszubrechen, was mir vertraut ist – was nicht immer einfach ist! Diana und ich verstanden uns auf Anhieb, und bald begannen unsere Führer mit dem Hauptteil ihrer Verschwörung (ich bin mir sicher, dass es genau das war: eine Verschwörung!), um uns zusammen dieses Buch schreiben zu lassen.

Schon bald fingen Diana und ich mit der Arbeit an diesem Buch an. Wir waren entzückt, als meine beiden Kinder und Dianas Tante, die in die geistige Welt hinübergegangen waren, gemeinsam auf einem der Fotos erschienen, die uns gesandt wurden. Sie waren zu uns gekommen, weil sie mir zeigen wollten, wie sehr sie sich darüber freuten, dass ich dermaßen von jedem Orb begeistert bin, den ich sehe und mit dem ich Kontakt aufnehmen kann.

Ich bin wirklich begeistert, mit Orbs zu arbeiten, da sie mir so viel Freude machen und so viele Informationen bringen. Die Orbs erinnern mich daran, wie klein und schwach meine Energien im Vergleich zu den universellen Energien sind. Sie schenken mir Erleuchtung, sie ermutigen mich und laden mich ein, mich mit den Engeln zusammenzutun, um zu verstehen, warum Orbs hier sind und warum sie so aussehen, wie sie aussehen.

MEIN FÜHRER WYWYVSIL

Mein erster Führer war Lone Wolf (Einsamer Wolf), der äußerst geduldig mit mir war und mich immer unterstützte. Er half mir daran zu glauben, dass ich mit der geistigen Welt kommunizieren könne. Als sich meine Energie später entwickelte und ich eine höhere Schwingung angenommen hatte, bat Lone Wolf ein Wesen namens Sousimuku, mich zu fördern. Sousimuku war sehr meisterhaft und ließ nicht zu, dass ich vom Weg abkam.

Eines Abends spürte ich, dass alle meine Führer verschwunden waren. Ich kam mir plötzlich ganz nackt vor. Natürlich waren sie nicht wirklich verschwunden, aber ich befand mich in einer Übergangsphase, nach deren Ende ich Wywyvsil kennenlernte. Wywyvsil ist eine mächtige Energie, und er schwingt auf einer vollkommen anderen Ebene, sodass es eine Weile brauchte, bis ich mich auf ihn einstimmen konnte. Als mir das gelang, wurde mir bewusst, dass sich meine medialen Fähigkeiten verändert hatten.

Ich darf nun seit sieben Jahren mit meinem Führer Wywyvsil arbeiten. Er ist nie auf irgendeinem Planeten gewesen, es ist seine Bestimmung, auf den höchsten Ebenen zu wirken. Er arbeitet auf einer sehr hohen Schwingungsebene, was für mich immer wieder eine ziemliche Herausforderung ist. Glücklicherweise kann ich mich heute sehr leicht auf ihn einstimmen, aber mit derselben Leichtigkeit kann ich seine komplexen Botschaften missverstehen, wenn ich mich nicht »in der Zone« befinde.

Es ist für mich sehr schwierig zu erklären, wie wir kommunizieren, da dies einfach geschieht. Manchmal überkommt mich ein bestimmtes Gefühl, oder ich weiß einfach etwas. Manchmal verändert sich auch mein ganzer Körper, und Wywyvsil tritt in meinen Körper ein, sodass wir verschmelzen. Gelegentlich gleite ich auch in einen Trancezustand hinüber. Wenn ich nicht zuhöre, passiert es häufig, dass ich einen starken Schmerz tief in meinem dritten Auge oder einen stechenden Schmerz im Ohr verspüre. Das weckt mich sofort auf.

Vor Kurzem haben Diana und ich herausgefunden, dass Wywyvsil zu den Mächten gehört und dass er ein Herr des Karmas ist. Mächte haben eine viel höhere Schwingung als Erzengel, folglich ist Wywyvsil ein sehr mächtiges Wesen.

Als Diana und ich an diesem Buch arbeiteten, wurde uns ein Foto zugesandt, bei dem wir das Gefühl hatten, es genauer untersuchen zu müssen. Uns wurde mitgeteilt, dass auf dem Foto Wywyvsil zu sehen sei, der als ein helles Licht mit einem Schweif erschien, das sich sehr schnell bewegte und Liebe und Licht über Afrika ausstrahlte. Mir kamen beinahe die Tränen, als ich seine Energie mit meinen physischen Augen sehen konnte. Ich spürte die Menge an reiner Liebe und reinem Licht, die er Afrika brachte. Es machte mich sehr stolz, aber auch sehr demütig, mit ihm arbeiten zu dürfen.

Wenn ich jetzt einen Orb anschaue, weiß ich, dass ich in seinem Energiefeld stehe, meinen Rücken unserer Dimension zugewandt habe und in seine Tiefen schaue. Die verschiedenen Schichten sind klar definiert und scheinen begrenzt zu sein. Die Farben gehen weit über alles hinaus, was ich beschreiben könnte. Das Erlebnis ist so außergewöhnlich, ich fühle mich dadurch geliebt, gestärkt, speziell und fähig. Und ich spüre, dass es nichts gibt, was ich nicht tun könnte. Ich fühle mich lebendig, und ich muss allen erzählen, wie wunderbar es ist, in diesem Augenblick ich zu sein. Das können Orbs bewirken. Ich weiß, dass für mich dieser Weg gerade erst begonnen hat.

ÜBER DIESES BUCH

DIANAS EINFÜHRUNG

Kumeka hat uns gebeten, dieses Buch *Enlightenment through Orbs*[4] zu nennen, weil man Botschaften empfängt und Heilung und Erleuchtung erfährt, indem man die Orbs anschaut. Die Fotos enthalten das Licht der Engelwesen, und dieses Licht enthält spirituelle Informationen und spirituelles Wissen.

Das bedeutet, dass Sie über die Fotos der Orbs direkt Energie von Engeln, Erzengeln, Einhörnern und anderen Wesen der geistigen Hierarchie empfangen können. Diese Energie wird in Ihr Bewusstsein eindringen, gleichgültig, ob Sie offen dafür sind oder nicht, und sie wird Sie auf eine noch größere Erleuchtung vorbereiten. Wenn Sie bereits bewusst und bereit sind, diese Energie zu empfangen, können Sie auf einer sehr tiefen Ebene von ihr berührt werden.

Jeder Orb ist die sichtbare Manifestation eines geistigen Wesens, die dessen Botschaft oder Energie oder beides ausstrahlt. Viele der in diesem Buch dargestellten Orbs stellen eine Vermischung zweier oder mehrerer Engel oder Meister dar. Diese bieten oft tiefere Informationen und enthalten mehr Licht. Orbs bringen Ihnen ein Mehr an Erleuchtung und Klarheit über Ihren Weg.

Als ich mich bei Kumeka darüber beschwerte, dass ich so mit diesem Buch beschäftigt sei, dass ich keine Zeit zum Meditieren mehr fand, antwortete er, dass das Anschauen von Orbs einen ähnlichen Effekt wie Meditation hat und dass es für bestimmte Menschen sogar ein effektiverer Weg des spirituellen Wachstums wäre. Da ich mich manchmal bei meinen Meditationen nicht konzentrieren kann, war ich hocherfreut, dies zu hören.

4 Für die deutsche Ausgabe entschieden wir uns, diesen Titel abzuwandeln, um dem etwas anderen Gebrauch des Begriffs Erleuchtung Rechnung zu tragen (Anm. d. Übers.).

Auf manchen Fotos sind Orbs verschiedener geistiger Wesen zu erkennen. Jedes von ihnen wird eine andere Wirkung auf Sie haben, aber zusammen eröffnen sie Ihnen eine größere Möglichkeit der Erleuchtung. Jeder Orb erzählt eine Geschichte. Fotos, die direkt nacheinander aufgenommen werden, ergeben ein fortlaufendes Bild der geistigen Welt.

Ein Orb ist ein Schlüssel zu Ihrem Bewusstsein. Deshalb werden jedes Mal, wenn Sie sich ein Foto anschauen, spirituelle Informationen »heruntergeladen«. Selbst wenn sich Ihr Verstand gegenüber den göttlichen Ebenen verschlossen hat, wird ihre Energie Sie erreichen. Jene unter Ihnen, die wach und bewusst sind, können von den Botschaften und Energien, welche die Orbs ausstrahlen, tief berührt werden.

Bei jedem Foto sage ich Ihnen genau, welche Botschaften Sie dabei empfangen und welche Energien Sie aufnehmen können. Mithilfe dieses Buches können Sie Ihre spirituelle Entwicklung beschleunigen und Ihr Bewusstsein erweitern.

WIE MAN MIT DIESEM BUCH ARBEITET

Lesen Sie das Buch am besten zuerst aufmerksam durch und betrachten Sie sich die Fotos ganz genau. Vielleicht fühlen Sie sich von einigen Fotos besonders angezogen, vielleicht möchten Sie auch bestimmte Eigenschaften oder Energien entwickeln, die von bestimmten Orbs verkörpert werden. Dann ist es hilfreich, einfach still dazusitzen und die Orbs genauer zu betrachten. Schreiben Sie sich auf, um welche es sich handelt, und kommen Sie später zu ihnen zurück, um tiefer in sie einzutauchen. Je öfter Sie dies tun, desto mehr von ihrem geistigen Licht werden Sie in sich aufnehmen können.

Die folgende Meditationsübung kann Ihnen helfen, innerlich zur Ruhe zu kommen, bevor Sie mit den Fotos arbeiten.

Meditation

Bei dieser Meditation geht es darum, den Verstand zum Schweigen zu bringen, damit Sie mehr von der Energie aufnehmen können, die Sie sich wünschen – und dies in höherer Qualität. Ich stelle Ihnen hier eine Übung vor, die es Ihnen ermöglichen wird, aus den Orbs mehr von der Schwingung zu extrahieren, die Sie brauchen. Seien Sie sich darüber im Klaren, dass die geistigen Wesen mit Ihnen arbeiten, während Sie dies tun.

1. Suchen Sie sich einen ruhigen Platz, an dem Sie ungestört sein werden.
2. Entzünden Sie eine Kerze, um die Schwingungsfrequenz zu erhöhen.
3. Setzen oder legen Sie sich hin.
4. Schauen Sie einige Minuten lang auf das betreffende Orb-Foto. Es mag Ihnen helfen, dabei die Augen zu entspannen oder die Augenlider ganz leicht zu senken.
5. Wenn Sie so weit sind, schließen Sie die Augen und entspannen sich.
6. Konzentrieren Sie sich auf Ihre Atmung. Zählen Sie bei der Einatmung bis vier und bei der Ausatmung bis sechs. Tun Sie dies so lange, bis Ihr Verstand zur Ruhe gekommen ist. Wenn Sie schon Meditationserfahrung besitzen, können Sie jede Methode wählen, die Ihnen passend erscheint.
7. Sie können sich jetzt das Foto des Orbs vor Ihr geistiges Auge rufen. Wenn Sie dies nicht tun möchten, ist das auch in Ordnung.
8. Gestatten Sie allen Gedanken oder Gefühlen, einfach aufzutauchen.
9. Wenn Sie das Gefühl haben, Sie hätten den Kontakt zu den geistigen Wesen im Orb hergestellt, empfangen Sie möglicherweise eine Botschaft oder eine plötzliche Einsicht.

10. Vielleicht möchten Sie ja eine Frage formulieren.
11. Wenn Sie so weit sind, öffnen Sie die Augen und bedanken sich bei den Wesen, die bei Ihnen waren.
12. Vielleicht möchten Sie ein Tagebuch führen, in dem Sie Ihre Erlebnisse aufzeichnen.

Ü Übungen, Gebete und Visualisierungen

Für jeden Orb stellen wir Ihnen Methoden vor, welche die Energie des Orbs verstärken und Ihnen helfen sollen, sein Licht aufzunehmen. Kathy hat dabei eine Reihe von Meditationen für Fortgeschrittene zusammengestellt, die ihr von ihrem Führer Wywyvsil speziell für dieses Buch gegeben wurden.

Wie man Orbs erkennt

Jeder Orb hat eine charakteristische Signatur, die man leicht erkennen kann. Wir haben in diesem abschließenden Kapitel einige »Hinweisschilder« für Sie aufgestellt, damit Sie diese Charakteristika gut identifizieren können. Denken Sie aber immer daran, sich von Ihrer Intuition leiten zu lassen, wenn Sie herausfinden wollen, wessen Energie die betreffenden Orbs enthalten.

Glossar

Im Glossar am Ende des Buches finden Sie einige kurze Informationen über alle Engel und Führer, alle Elementar- und geistigen Wesen, die in diesem Buch erwähnt werden.

Kapitel 1

ÜBER ORBS

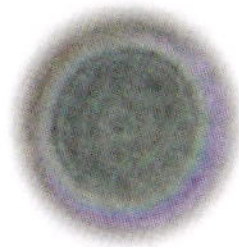

WARUM ERSCHEINEN ORBS ÜBERHAUPT?

Wir Menschen können nur innerhalb einer bestimmten Frequenzbreite sehen und hören. Engel und andere Lichtwesen schwingen aber in einem viel höheren Frequenzbereich, und da viele Menschen nur an das glauben, was für sie sinnlich erfahrbar ist, leugnen die meisten von ihnen die Existenz des Geistigen oder sind diesen Dingen gegenüber vollkommen uninteressiert. Aufgrund dieser Tatsachen geht ein Großteil der uns zur Verfügung stehenden Hilfe verloren, und eine gewaltige Zahl von Menschen ist verwirrt und ohne Hoffnung.

Die Menschen verlangen nach Beweisen für die Existenz der geistigen Welt. Seit Jahrhunderten versucht die geistige Hierarchie die Aufmerksamkeit der Menschen auf die Dimension jenseits unserer normalen Sinne zu lenken und hat dabei verschiedene Methoden ausprobiert. So wurde zum Beispiel zu einer bestimmten Zeit das Ektoplasma erschaffen, das eine sichtbare Ausstrahlung des Geistes darstellt, aber dies erfordert viel Energie und ist auch nur unter stark eingegrenzten Bedingungen möglich. Daher standen die Menschen diesem Phänomen sehr skeptisch gegenüber. Es war an der Zeit, mit neuen Beweisen aufzuwarten.

Die Engel und Meister, die für dieses Projekt zuständig waren, entschieden sich dafür, Orbs als physikalische Manifestation des Geistigen auf Digitalfotos sichtbar werden zu lassen, da auf diese Weise das Interesse der Menschen geweckt werden würde und sie anfangen würden, Fragen zu stellen. Außerdem haben die Engel jedes Mal, wenn jemand einen Orb sieht, die Gelegenheit, die betreffende Person zu berühren, wenn diese wach, neugierig und allen Möglichkeiten gegenüber aufgeschlossen ist. Die Engel kontaktieren solche Menschen zwar auch sonst, aber wenn ihr Verstand verschlossen ist oder sie sehr unbewusst sind, hinterlässt das nicht denselben Eindruck.

HABEN ENGEL UND FÜHRER ZUR ENTWICKLUNG DER TECHNOLOGIE BEIGETRAGEN, DANK DERER ORBS AUF FOTOS FESTGEHALTEN WERDEN KÖNNEN?

Ja, das haben sie, aber das Bewusstsein der Menschen, welche diese Technologie entwickelt haben, war auch sehr wichtig. Die Engel und die höheren Führer benutzten die Gelegenheit, um mit diesen Wissenschaftlern Kontakt aufzunehmen und sie zu beeinflussen.

WARUM ERSCHEINEN GEISTIGE WESEN ALS ORBS ODER LICHTKREISE?

Wenn Sie einen Orb aufnehmen, können Sie das Energiefeld des betreffenden Wesens sehen. Der Lichtkörper oder Merkaba, in dem sich ein Geist fortbewegt, wird normalerweise als sechszackiger Stern wahrgenommen. Wenn das betreffende Wesen seinen Lichtkörper entwickelt, nimmt dieser eine weiblichere, rundere Form an. Die Orb-Form wurde ausgewählt, weil ein Kreis Ganzheit und Vollendung repräsentiert.

Außerdem kann eine Kugelform eine höhere Frequenz als andere geometrische Formen halten, weil sie keine Ecken hat, die den Fluss der Energie einschränken könnten. Zudem umhüllt und beschützt sie die Wesenheit, die in ihr reist. Und zu guter Letzt erscheinen sie auf Fotos, weil dies ein Medium ist, das heute fast allen Menschen zur Verfügung steht. So können Orbs mit einer größtmöglichen Aufmerksamkeit rechnen.

WARUM ERSCHEINEN ORBS AUF MANCHEN FOTOS UND AUF ANDEREN NICHT?

Orbs tauchen auf Fotos nur auf, wenn die Fotografierenden ein bestimmtes Bewusstsein haben. Sie müssen sich in einem fünfdimensionalen Raum befinden und eine erweiterte Aura haben. Liebe ist dabei der Schlüssel. Der Geist oder das dritte Auge spielen keine Rolle. Es geht auch nicht darum, medial begabt oder besonders intelligent zu sein. Um Orbs fotografieren zu können, muss man ein Bewusstsein der Liebe entwickelt haben.

Bestimmte Chakras müssen in einer bestimmten Kombination offen sein: entweder Herz-, Kronen- und Basis-Chakra oder Herz- Kronen- und Solarplexus-Chakra. Wenn die Herz-, Kronen- und Basis-Chakras offen sind, fließt die Energie Gottes durch die Person hindurch. Wenn das Solarplexus-Chakra offen ist, reagiert man instinktiv – und das heißt, dass das Herz mit der geistigen Welt verbunden ist.

WENN AUF EINEM FOTO KEINE ORBS ZU SEHEN SIND, BEDEUTET DAS, DASS SICH AN DEM BETREFFENDEN ORT KEINE GEISTER BEFINDEN?

Nein, geistige Wesen sind überall. Es bedeutet nur, dass der Fotograf bei der Aufnahme nicht am richtigen Ort war oder nicht das erforderliche Bewusstsein hatte. So sind zum Beispiel bei Hochzeiten immer Engel oder Geister anwesend. Ich nahm kürzlich an einer wunderschönen Hochzeit teil, aber der Fotograf war ein sehr rationaler, intellektueller Mensch. Deshalb waren auf den Fotos auch keine Orbs zu sehen. Aber schauen Sie sich Foto Nummer 4 an, das bei einer Hochzeit in Finnland aufgenommen wurde. Auf ihm können Sie sehen, wie viele Engel und Geister verstorbener Angehöriger normalerweise zu einem solchen Fest kommen.

WIE MACHT MAN ORB-FOTOS?

Öffnen Sie einfach Ihr Herz. Denken Sie an Engel oder Elementarwesen und bitten Sie diese, auf den Fotos zu erscheinen. Sie werden überrascht sein.

KANN MAN ORB-FOTOS FÄLSCHEN?

Nein, das kann man nicht. Ein geistiger Orb ist ein geistiger Orb, aber von Menschen gemachte »Orbs« kann man falsch deuten. Ich erhielt eine sehr leidenschaftliche E-Mail von einem Mann, der sagte, er habe mithilfe von Staub und Wassertropfen Orbs auf Fotos auftauchen lassen. Er war der Meinung, dass die Menschen dazu verführt werden könnten zu glauben, dass es sich dabei um geistige Wesen handeln würde – und deshalb solle man Orbs nicht deuten.

Wir haben schon Orbs gesehen, die einfach Lichteffekte waren, und andere, die aufgrund von Staub oder Regen entstanden sind. Aber diese enthalten weder eine geistige Schwingung noch eine Botschaft oder eine besondere göttliche Energie.

WOHER WEISS ICH, DASS ES SICH UM EINEN GEISTIGEN ORB HANDELT?

Stimmen Sie sich darauf ein und fühlen Sie die Energie. Dies ist etwas, was Sie üben können. Wir behaupten aber nicht, dass dies immer leicht ist oder dass es uns immer gelingt.

WORAN KANN ICH ERKENNEN, OB EIN ORB AKTIV IST?

Die meisten Engel-Orbs bezeugen nur und halten die Energie dessen, was geschieht. Daher sind sie rund. Wenn sie aktiv strahlen, verändern sie ihre Form und werden entweder länger, konkav oder sechseckig.

WARUM HABEN ORBS VERSCHIEDENE FARBEN UND FORMEN?

Es gibt viele Dimensionen, die alle unterschiedliche Frequenzen haben. Die Orbs nehmen ihre Form aufgrund dieser an. Jeder Engel, jeder Erzengel, jede der Herrschaften, jede der Mächte, jeder Geist und jedes Elementarwesen hat aufgrund seiner individuellen Bestimmung und der ihm eigenen Schwingung eine eigene Form und Farbe. Lesen Sie dazu auch das Kapitel »Wie man einen Orb erkennt« ab Seite 213.

Viele Orbs sind Multiaspekte von Engeln und Erzengeln. Diese Aspekte übermitteln sehr komplexe und detaillierte Botschaften der Erleuchtung.

WIE IST EIN ORB AUFGEBAUT?

Das Zentrum eines jeden Orbs ist direkt mit der Quelle verbunden und trägt die reinste göttliche Energie in sich. Viele Orbs enthalten verschiedene Schichten, die in konzentrischen Kreisen vom Zentrum ausgehen. Durch diese wird die relevante Frequenz aus den verschiedenen Schichten der geistigen Welt zum höchsten Wohl aller zu uns gebracht, damit alles erleuchtet werden kann.

Der äußere Kreis ist immer ein Schutzkreis in dem Frequenzbereich, der von der Kamera festgehalten werden kann. Jenseits des äußeren Kreises befindet sich die Aura des Orbs, welche die Aura des Betrachters berührt, sodass dieser sich auf die Orbs einstimmen kann. Das veranlasst den Betrachter, Fotos zu machen. Die meisten Orbs erscheinen flach, aber tatsächlich haben sie verschiedene Formen, was besonders dann sichtbar wird, wenn man sich tiefer auf sie einlässt.

BEEINFLUSSEN UNSERE ABSICHTEN DIE BOTSCHAFTEN DER ORBS?

Die Orbs arbeiten ganz ähnlich wie das positive Denken, dessen Schwingung positive Reaktionen des Universums hervorruft. Die Orbs, die Botschaften und Energien des Universums bringen, schwingen auf einer Frequenzebene, die perfekt auf die Person abgestimmt ist, welche diese Botschaften oder die Energie gerade braucht. Ihre Absicht ermöglicht es den Orbs, ihre Botschaften und Energien leichter mitzuteilen.

GIBT ES SCHÄDLICHE ORBS?

Nein. Dunkle Engel haben keinen Lichtkörper.

WAS IST MIT DEN GESICHTERN, DIE MAN IN SO VIELEN ORBS SIEHT?

Die Orbs transportieren auch Geister in die Himmel und auf unsere Welt. Diese können in ihnen deutlich gesehen werden. Weil die Geister derjenigen, die hinübergegangen sind, in einem Frequenzbereich schwingen, der nur etwas höher ist als unserer, ist es leicht, sie in den Orbs zu sehen.

WARUM BEGLEITEN ENGEL UND ELEMENTARWESEN DIE GEISTER UND MEISTER?

Weil diese Geister und Meister menschliche Gefühle erlebt haben, mag sie ihr Mitgefühl dazu verleiten, uns zu helfen und sich in unser Karma und unseren Lebensplan einzumischen. Die Engel halten sie auf Kurs und lassen dies nicht zu. Sie begleiten nur diejenigen, die sich bereits einmal verkörpert hatten. So braucht zum Beispiel Kumeka diesen Schutz durch die Engel nicht.

DIE ORBS AUF DEM TITELBILD

Dies ist ein wunderbares Bild des im Sonnenlicht gebadeten Engelreiches. Der größte Orb sowie die zwei unteren auf dem Titelbild sind Erzengel Gabriel mit einem Einhorn, die Geister transportieren. Der schneeweiße Orb ist Erzengel Gabriel mit einem Engel der Liebe. Rechts sieht man Erzengel Gabriel Geister transportieren. Der kleine blaue Orb auf der rechten Seite ist ein Engel, der gemeinsam mit einem von Erzengel Michaels Engeln einen Geist transportiert. Schon das Betrachten dieses Bildes bringt Ihnen Läuterung, erweiterte Erleuchtung und Schutz.

Kapitel 2

SCHUTZENGEL

Jeder Mensch hat einen Schutzengel, der ihn von der Geburt bis zum Tod begleitet. Wenn Sie Ihren Schutzengel wirklich brauchen, wird er Ihnen sehr nahe sein und Sie unterstützen. Wenn Sie aber ganz entspannt sind und sich wohlfühlen, entfernt sich Ihr Schutzengel etwas und schaut aus einiger Entfernung zu. Das kann deutlich auf Fotos gesehen werden, auf denen der Schutzengel als blässlich weiße Scheibe sichtbar ist, die manchmal näher und manchmal weiter entfernt ist.

Auf Orb-Fotos kann man anhand des Abstands des Engels erkennen, ob eine Person Hilfe braucht oder nicht. So erhielten wir zum Beispiel ein Foto tanzender Menschen. Die Schutzengel hatten sich bis auf einen von der Tanzfläche zurückgezogen. Dieser eine befand sich direkt über dem Kopf eines Mädchens. Sie fühlte sich irgendwie fehl am Platze, und er strahlte Unterstützung für sie aus.

Jeder einzelne Mensch hat seinen eigenen Schutzengel, der das ganze Leben über bei ihm bleibt. Ihr Schutzengel ist im Besitz Ihres göttlichen Plans. Er flüstert Ihnen ständig Dinge über Ihre höchste Bestimmung zu oder über die beste Art, mit einem Problem umzugehen oder eine Beziehung zu heilen.

Wenn zwei Menschen Streit miteinander haben oder wütend auf jemanden sind, halten sich die beiden Schutzengel in einer Geste vollkommener Liebe an den Händen, da sie die Dinge aus einer höheren Perspektive betrachten können. Sie versuchen Ihnen zu helfen, mit allen Menschen in Freundschaft und Harmonie zu leben. Wenn Sie Ihren Schutzengel bitten, Ihnen bei einer Versöhnung oder einem schwierigen Gespräch zu helfen, wird er Ihnen friedvolle Wege der Konfliktbewältigung übermitteln. Wenn Sie ein Problem partout nicht lösen können, wird Ihr Engel die Vision der bestmöglichen Lösung für Sie aufrechterhalten und es auf diese Weise möglich machen, dass Sie diese irgendwann auch finden.

Wir erhielten zum Beispiel ein sehr erhellendes Bild von einigen Menschen, die seit 15 Jahren nicht mehr miteinander gesprochen und sich nun getroffen hatten, um ihren Streit beizulegen. Ihre Körpersprache offenbarte deutlich, wie unwohl sie sich fühlten, aber die weißen Orbs ihrer Schutzengel waren sehr nahe bei ihnen. Man konnte sie ganz deutlich über ihren Köpfen sehen und erkennen, dass sie die Vision der Versöhnung für alle Beteiligten aufrechterhielten. Ihr Engel wird Ihnen immer helfen, Brücken zu anderen Menschen zu bauen.

Sie können Ihren Schutzengel auch bitten, sich für Sie einzusetzen. Wenn Sie zum Beispiel finden, dass Sie eine Lohnerhöhung verdient hätten, Ihr Chef Ihnen aber gar nicht zuhört, können Sie Ihren Schutzengel bitten, sich deswegen mit dem Schutzengel Ihres Chefs zu unterhalten. Erklären Sie Ihrem Schutzengel vernünftig und ganz rational, warum Sie glauben, dass Sie mehr Geld für Ihre Arbeit verdient hätten, und bitten Sie ihn, diese Informationen an den Schutzengel Ihres Chefs weiterzugeben. Sie können Ihren Schutzengel auch bitten, Ihnen dabei zu helfen, eine Freundschaft zu heilen, eine neue Geschäftsidee voranzubringen, bei einem Bewerbungsgespräch gut abzuschneiden oder etwas Verlorenes wiederzufinden.

Denken Sie daran, immer Ihren Schutzengel um Hilfe zu bitten.

Damit Sie die Ratschläge Ihres Schutzengels hören können, ist es notwendig, den Verstand zur Ruhe zu bringen. Dann kann der Rat als plötzliche Eingebung in Ihrem Bewusstsein auftauchen. Da die meisten Menschen ihren Engeln sehr nahe sind, wird die Schwingung der Information, die Sie erhalten,

Ihnen sehr vertraut sein. Sie wird Ihnen fast wie ein eigener Gedanke erscheinen, aber mit einer goldenen Klarheit. Wir nennen das Intuition.

Da Sie als Mensch einen freien Willen besitzen, müssen Sie um die Hilfe bitten, die Sie brauchen, damit Ihr Engel Ihnen diese Hilfe gewähren kann. Nichts ist dabei zu klein oder zu groß. Aber Sie müssen sich etwas für das höchste Wohl aller Beteiligten wünschen.

Ihr Schutzengel wird nichts für Sie arrangieren, was von einer spirituellen Perspektive aus gesehen nicht richtig ist. Ein einfaches Beispiel dafür ist die Parkplatzsuche. Sie kommen am Parkplatz an und schon sehen Sie den ersehnten freien Platz. »Ich danke euch Engeln«, sagen Sie und seufzen erleichtert auf. Und genau in diesem Moment drängelt sich ein anderes Auto vor. Denken Sie in einem solchen Fall daran, dass das Bedürfnis des anderen Fahrers größer gewesen sein muss als das Ihre oder dass dies nicht der richtige Parkplatz für Sie war. Vertrauen Sie darauf, dass Sie schon bald einen besseren finden werden.

Natürlich besitzen Sie einen freien Willen, mit dem Sie die Führung durch Ihren Engel ignorieren können. Manchmal sind die Engel damit beschäftigt, Türen für Sie zu verschließen, damit Sie nicht auf den falschen Weg geraten. Wenn Sie innehalten, um zuzuhören, erfahren Sie vielleicht, dass sich Ihnen gerade eine viel bessere Möglichkeit eröffnet.

Vielleicht müssen Sie zuerst noch an Erfahrung gewinnen oder auf eine vollkommenere Partnerschaft warten. Wenn Sie allerdings darauf bestehen, dass etwas unbedingt nach Ihrer Nase gehen muss, werden sich die Engel Ihrem freien Willen beugen und zulassen, dass Sie den Weg einschlagen, der Ihnen von Ihrem Ego diktiert wurde. Dann werden sie im Laufe der Zeit geduldig ihr Licht über Sie ausschütten, während Sie sich abmühen, sich aus dem Schlamassel herauszuarbeiten, in den Sie sich selbst gebracht haben.

Die meisten von uns haben das schon getan. Wir bestehen darauf, mit jemandem auszugehen, der überhaupt nicht zu uns passt, wir nehmen eine Stelle an, obwohl alles darauf hinweist, dass sie nicht die richtige ist, wir schauen uns Horrorfilme an oder lesen Gewalt verherrlichende Bücher, wir essen das Falsche und begehen Millionen andere Dummheiten.

Unser Leben könnte viel einfacher und befriedigender sein, wenn wir erkennen würden, wie viel Unterstützung und Führung uns zur Verfügung steht – und wenn wir zuhören würden. Schauen Sie sich das Foto Nummer 20 im zehnten Kapitel an, auf dem das Einhorn des Mannes, der Geist einer verstorbenen Angehörigen und ein Engel der Liebe etwas in sein Ohr flüstern. Man hat uns mehrere solcher Fotos zugeschickt. Die geistigen Welten versuchen wirklich ihr Bestes.

Engel sind androgyn, da sie jenseits jeder Sexualität sind. Sie sind also weder männlich noch weiblich, aber sie können männliche oder weibliche Energien transportieren, je nachdem, was Sie gerade brauchen. Deshalb ordnen die Menschen ihnen manchmal ein Geschlecht zu.

Ihr Schutzengel wacht über Sie und beschützt Sie Tag für Tag. Er arbeitet mit Ihren Geistführern zusammen, um für Sie Gelegenheiten, »Zufälle« und Begegnungen zu arrangieren und Unterstützung für Sie zu organisieren. Wenn Sie spüren, dass jemand Hilfe braucht, können Sie Ihren Engel still darum bitten, sich um die betreffende Person zu kümmern.

Ihre Gedanken erschaffen dann eine Lichtbrücke, die es dem Schutzengel der anderen Person erlaubt, ihr zu helfen. Aber auch die Engel können den göttlichen Plan nicht ändern oder jemanden daran hindern, eine Erfahrung zu machen, die er für sein Seelenwachstum benötigt.

WORAN MAN EINEN SCHUTZENGEL-ORB ERKENNT

Schutzengel-Orbs sind normalerweise undurchsichtige weiße Kugeln, die klein oder groß sein können. Manchmal, wenn die Gegenwart der Engel erforderlich ist, befinden sie sich ganz in der Nähe der betreffenden Person. Wenn sich der Schützling des Engels aber wohlfühlt, kann sich der Orb in einiger Entfernung befinden und einfach nur beobachten.

WIE DIE SCHUTZENGEL IHNEN HELFEN

Ihrem Schutzengel liegt immer Ihr höchstes Wohl am Herzen. Jemand schickte uns ein wunderbares Foto von einem flirtenden Paar. Ein Beschützer-Engel hatte sich strategisch zwischen die beiden platziert, und der Schutzengel der Frau hatte sich direkt vor ihrem Unterleib postiert. Die Botschaft war eindeutig.

ENGEL HELFEN UND BESCHÜTZEN

Ihr Schutzengel wird Sie auf jede erdenkliche Art und Weise beschützen. Wir haben mehrere Orb-Fotos gesehen, die singende Menschen zeigen. Vermutlich denken die Sänger, dass sie allein sind, aber die Anwesenheit von Schutzengel-Orbs, die direkt neben ihren Kehlen sichtbar sind, beweist etwas anderes. Häufig unterstützt der Orb, der in der Kehle sitzt, die Stimme und schützt die betreffende Person gleichzeitig vor der Schwingung des Mikrofons oder des Musikinstruments.

UNTERSTÜTZUNG UND SCHUTZ

Wenn Sie sich Foto Nummer 1 anschauen, erlangen Sie den Mut, weise zu sprechen und verständnisvoll zuzuhören.

Ihr Engel hilft Ihnen auf vielerlei Art und Weise. Wenn Sie dabei sind, etwas Taktloses, Unpassendes oder Verletzendes zu sagen oder wenn Sie nicht für sich selbst eintreten, wird Ihr Engel in Ihren Kehlkopf springen und Ihnen dabei helfen, entweder das Richtige zu sagen oder den Mund zu halten.

Foto Nummer 1: Ein Schutzengel-Orb, fotografiert von Prentha Naidu

Ein hervorragendes Beispiel dafür sieht man auf Foto Nummer 1, auf dem der Schutzengel-Orb in der Kehle der Frau nur verschwommen sichtbar ist, weil er sich sehr schnell bewegt, um sie darin zu unterstützen, weise Worte zu sprechen. Wenn Sie diesen Orb anschauen, werden Sie daran erinnert, dass Sie rücksichtsvoll in Ihrer Wortwahl sein sollten. Zudem sagt er Ihnen auch, dass Sie zuhören sollten. Oft hören wir die Stimme unserer Engel durch das Kehlkopf-Chakra. Wenn uns nicht gefällt, was man uns sagt, wehren wir uns dagegen, indem wir unsere Nackenmuskeln anspannen. Dann bekommen wir natürlich eine Halsstarre. Schauen Sie sich diesen Orb an, das wird Ihnen helfen zuzuhören.

ENERGIE SAMMELN

Es gibt bestimmte Orte, an denen die Energie sehr hoch und sehr rein ist. Die meisten Menschen, die in den Bergen wandern waren, am Strand entlanggelaufen sind, neben einem Wasserfall gesessen haben oder im Wald spazieren gegangen sind, haben diese besondere Qualität in der Luft gespürt. Wenn Sie dieses Prana einatmen, werden Sie physisch, mental und emotional erhoben. Wann immer Sie einen solchen Ort aufsuchen, wird Ihr Schutzengel bei Ihnen sein, um Ihnen zu helfen, den größtmöglichen Nutzen aus der Situation zu ziehen.

Wenn Sie sich Foto Nummer 2 anschauen, empfangen Sie Freude und Lebenskraft, erfahren aber auch eine Läuterung und eine Öffnung Ihres Bewusstseins für neue Möglichkeiten.

Auf Foto Nummer 2, das von Glenda Procter aufgenommen wurde, können Sie Engel sehen, die Geister transportieren, damit diese Prana an dem Wasserfall, der ein Ort hoher Energie ist, sammeln können. Auf der rechten Seite befindet sich ein Engel der Erzengel Gabriel, Uriel und Michael, der den Ort schützt und über ihn wacht, zusammen mit Geistern, die Energie sammeln.

Alle Lichtwesen sammeln Lebenskraft, um diese zurück zu den Menschen zu bringen. Wenn Sie dieses Bild genauer betrachten, empfangen Sie eine Einladung von den Orbs, einen Ort mit hoher Energie in der Natur aufzusuchen, um sich selbst zu revitalisieren. Die Orbs wollen Sie an die Macht der Natur erinnern, die Ihr Leben bereichern und beleben kann.

Foto Nummer 2: Engel-Orbs, die Geister transportieren, fotografiert von Glenda Procter

Kapitel 3

KINDER

Engel, Einhörner und Feen lieben Kinder und halten sich gern in ihrer Nähe auf, weil sich Kinder die Essenz der Unschuld, Freude, Neugierde und Liebe bewahrt haben.

Kleine Kinder waren ja noch vor Kurzem in der geistigen Welt, sodass sie sich noch ziemlich gut an ihren göttlichen Ursprung erinnern können. Viele von ihnen können Elementarwesen, Geister und Engel sehen. Wir waren überrascht, wie viele Einhorn-Orbs wir in der Nähe kleiner Kinder gesehen haben.

Für Geister, die sich gerade erst inkarniert haben, ist es häufig sehr schwierig, sich wieder an die Einschränkungen eines Körpers zu gewöhnen, nachdem sie die Freiheit des Geistes erfahren haben. Gleichgültig, wie liebevoll ihre Eltern, Geschwister und Verwandten auch sein mögen, kleine Kinder brauchen eine Menge Unterstützung von ihren geistigen Helfern. Wer hat nicht schon ein Baby gesehen, das lächelt oder vor sich hin gluckst, während es unverwandt auf etwas schaut, das für uns unsichtbar ist? Dabei könnte es sich um einen Verwandten aus der geistigen Welt handeln, der das Kind besucht und dessen Aufgabe es ist, von der geistigen Welt aus ein Auge auf es zu haben. Es könnte sich aber auch um einen Führer oder einen Engel handeln, die ihre Schützlinge aufsuchen.

Eine Freundin von mir hat drei Jungen, die ständig damit beschäftigt waren, auf Bäume zu klettern, auf Skateboards oder Fahrrädern herumzusausen. Sie waren wahre Energiebündel und voller Begeisterung für das Leben. Ihre Mutter verzweifelte fast an ihnen, aber als ich ihr erklärte, dass Kinder Schutzengel haben, wurde sie sehr still und nachdenklich. Dann nickte sie zustimmend und erzählte mir, dass sie davon überzeugt sei, dass wohl keiner ihrer kleinen Jungen überlebt hätte, wenn sie nicht jemanden hätten, der auf sie aufpasst. Als sie begriff, dass sie sogar mit den Schutzengeln ihrer Kinder kommunizieren konnte, war sie vollkommen entzückt.

Diese neue Erkenntnis hatte große Auswirkungen auf die Familie, denn die Mutter bat die Beschützer, besonders wachsam zu sein, wenn die Jungen draußen spielten. Dann konnte sie sich endlich entspannen. Sie erzählte mir, dass die Anzahl und die Schwere der Schrammen, Schnittwunden und blauen Flecken von diesem Tag an deutlich abnahmen. Die Schutzengel und die anderen Engel, die sie beschützten, machten ihre Arbeit ausgezeichnet!

Auf meiner Website www.dianacooper.com befindet sich ein Orb-Foto eines ganz besonderen Mädchens, das bereits mit sechs Jahren starb. Es hatte sich nur für kurze Zeit inkarniert, um es ihrer Familie und ihren Freunden zu ermöglichen, verschiedene Lektionen zu lernen, darunter Liebe, Geduld, Ausdauer, Mut und Loslassen.

Während seines kurzen Lebens freundete es sich mit den Feen an, die es über alles liebte. Als das Kind starb, kamen viele Engel, um seinen Geist hinüberzugeleiten. Seine Feenfreunde tanzten um es herum und halfen ihm ebenfalls beim Übergang. Das Foto zeigt die Engel-Orbs, die seinen Geist begleiten, während die winzigen Funken der Feen um es herumtanzen.

Manchmal fragen sich die Menschen, warum ein Kind ein so kurzes, schweres Leben haben muss und wo denn wohl sein Schutzengel gewesen ist. Warum hat er nicht besser auf es aufgepasst und verhindert, dass es so jung hinübergehen musste? Der Grund liegt darin, dass die große Überseele des Kindes, die alle Entscheidungen in Bezug auf seine Inkarnation trifft, dies so beschlossen hat. Vielleicht hatte das Kind nur noch wenige Lektionen zu lernen oder zu lehren.

Der Schutzengel muss dieser Entscheidung des freien Willens der Seele gehorchen. Wenn dann das Kind seinen Körper verlässt, kann sein Engel es nur an der Hand nehmen und ihm helfen, ins Licht zu gehen.

Wenn Sie sich Foto Nummer 3 anschauen, empfangen Sie Energie, die es Ihnen ermöglicht, Ihrem Kind gemeinsam mit den Engeln zu helfen.

Dieses Bild aktiviert im Betrachter auch Mitgefühl und Fürsorglichkeit.

Foto Nummer 3: In diesem Orb verschmelzen Engel der Erzengel Michael und Uriel und der Schutzengel des einen Jungen, fotografiert von Radka Jurcgova

Wir staunten nicht schlecht, als wir diesen erstaunlichen Orb auf Foto Nummer 3 über den Kindern sahen. Manche Kinder erhalten einen ganz wunderbaren, besonderen Schutz. Auf diesem Foto stellt der Orb, der über den beiden kleinen Jungen schwebt, das Verschmelzen der Engel von Erzengel Michael und Uriel sowie des Schutzengels des Jungens ganz rechts dar. Gemeinsam strahlen sie Energie aus, um diesen Jungen zu beschützen und um die Freundschaft zwischen den beiden aufrechtzuerhalten.

Auf dem zweiten Jungen befindet sich ein großer Einhorn-Orb. Das Einhorn fühlt sich zu ihm hingezogen, weil er sehr feinfühlig ist und anderen Menschen helfen will. Dieser besondere Orb soll uns daran erinnern, dass man um Schutz für seine Kinder bitten kann. Wenn man ihn näher erforscht, werden Fürsorglichkeit und Mitgefühl aktiviert.

Interessanterweise sind auf einem zweiten Foto, auf dem dieselben Kindern zu sehen sind, die blässlich weißen Orbs ihrer Schutzengel über jedem von ihnen sichtbar. Der ältere Junge hatte einen Einhorn-Orb über seinem Kopf und zwar nicht dasselbe Einhorn wie im vorigen Bild, sondern sein eigenes. Eine Fee war ebenfalls bei ihnen, die sehr verspielt war und versuchte, die Kinder zum Lachen zu bringen. Diese Fotos beweisen ganz klar, dass Kinder behütet und umsorgt werden. Sie können den Engeln dabei helfen, indem Sie die Visualisierungsübung im Kapitel »Meditationen und Übungen mit den Orbs, um das Bewusstsein zu erweitern« praktizieren.

Schutzengel unterstützen die Kinder auf jede nur erdenkliche Weise. Wir erhielten ein Foto, das auf den ersten Blick ziemlich merkwürdig zu sein schien, da das Kind einen Orb quer über dem Gesicht hatte. Es sah aus wie eine seltsame Maske. Als wir das Foto aber genauer untersuchten, empfingen wir die Information, dass das kleine Mädchen eine medial begabte Sensitive war, die sich in einer Familie inkarniert hatte, die mit ihrer Offenheit gegenüber dem Geistigen nichts anfangen konnte. Niemand hatte dem Mädchen seine Gaben erklären oder ihm dabei helfen können, diese angemessen zu entwickeln. Aus diesem Grund hatte sich sein Schutzengel quer über seine Stirn platziert. Er versuchte, sein drittes Auge davor zu schützen, zu viele »Gesichte« oder Schwingungen wahrzunehmen, die es nur ängstigen würden.

Als wir ein anderes Bild untersuchten, auf dem ein Orb über den Augen eines kleinen Jungen sichtbar war, erfuhren wir, dass sein Schutzengel ihm dabei helfen wollte, seine Familiensituation auf liebevollere Weise zu sehen.

Die geistige Welt kann Ihnen helfen, Ihre Kinder und Ihre Familie in Sicherheit zu halten. Denken Sie daran, rund um Ihr Kind einen Schutz aufzubauen, indem Sie die Engel darum bitten.

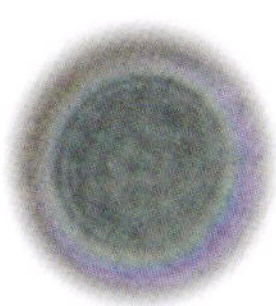

Kapitel 4

ENGEL

Es gibt viele Arten von Engeln, die mit Menschen, Tieren und Elementarwesen arbeiten. Es gibt Engel der Freude, des Friedens, der Gnade, des Schutzes, der Liebe, der Kommunikation und Legionen andere. Sie können die Engel darum bitten, Ihnen bei der Auswahl von Geschenken zu helfen, verlorenes Eigentum wiederzufinden, bestimmte Eigenschaften zu entwickeln, Ihnen in Beziehungen oder dabei zu helfen, Ihr Herz der Vergebung zu öffnen. Im Folgenden habe ich einige Beispiele aufgeführt.

TROST

In Zeiten der Trauer, der Enttäuschung oder eines schmerzlichen Verlustes können Sie sicher sein, dass viele Engel bei Ihnen sind, um Ihnen zu helfen und Sie zu trösten. Sowohl Kathy als auch ich haben im Rahmen unserer Arbeit immer wieder Geschichten von Menschen gehört, deren Kummer durch das Erscheinen eines Engels aufgelöst wurde.

Bei einer ganzen Reihe von Anlässen haben erstaunte, aber zugleich entzückte Menschen uns davon erzählt, wie niederschmetternd ein plötzlicher Verlust für sie gewesen ist und wie sie dann in ihrer finstersten Stunde den Gesang der Engel vernommen haben. Die Herrlichkeit dieses Erlebnisses hat ihren Schmerz aufgelöst.

So war zum Beispiel eine Frau von ihrem langjährigen Partner verlassen worden. Außer sich vor Verzweiflung ging sie zu einem nahe gelegenen Fluss und setzte sich hin, um ins Wasser zu starren. Als sie so dasaß und auf die kleinen Wellen starrte, sah sie eine weiße Feder aus dem Himmel direkt ins Wasser schweben. Sie wusste, dass dies ein Zeichen sein musste, und im selben Augenblick hob sich die schwarze Wolke, in der sie sich befunden hatte. Die Engel werden immer einen Weg finden, auf dem sie uns erreichen können.

Wenn Menschen deprimiert sind, wird jegliche Vitalität und Lebensfreude aus ihnen herausgesaugt, und sie können nichts spüren außer einer grauen Lethargie. Ihre Verbindung zu Gott scheint verloren gegangen zu sein. Natürlich kann diese in Wahrheit niemals unterbrochen werden, aber manchmal fühlt es sich so an. Wenn Sie dafür offen sind, kommen Ihnen die Engel dann so nahe wie möglich, weil Sie Ihnen helfen wollen, sich wieder mit Ihrer göttlichen Essenz zu verbinden.

Wir erhielten ein Foto, auf dem einer von Erzengel Gabriels Engeln zu sehen war: Er besuchte ein Haus, um einem Menschen, der sehr traurig war, zu helfen und ihn zu trösten. Viele Beschützer-Engel und weitere Engel von Erzengel Michael umgaben ebenfalls das Haus. Kleine Esaks, Elementarwesen, die um Traurigkeit und andere niedere Energien herumschweben, waren eifrig damit beschäftigt, aufzuräumen. Wenn dieser traurige Mensch nur gewusst hätte, wie sehr sich die Engel bemühten, seine Stimmung aufzuhellen, hätte er sich wohl schon ganz anders gefühlt.

LÄUTERUNG UND MENTALE REINIGUNG

Jeder von uns hat sein Päckchen zu tragen, denn dies gehört zum Menschsein. Wir tragen ja nicht nur die Glaubensmuster unserer Vorfahren in uns, sondern auch jene, die wir in vergangenen Leben angenommen haben.

Diese Glaubensmuster verwandeln wir in Denkstrukturen, die manchmal sehr tief sitzen und aufgrund derer wir immer wieder dieselben Fehler machen und immer wieder bestimmte Menschen und Situationen anziehen, bis wir endlich bereit sind, sie aufzugeben und loszulassen. Unsere Glaubensmuster erschaffen unser Karma – letztlich eine Lehrmethode, durch die wir auf der Erde lernen. Selbst wenn es für einen bestimmten Menschen die erste Inkarnation auf der Erde ist, hat er bereits Lektionen durchgemacht, die in seinem Geburtshoroskop verzeichnet sind, damit ihn die entsprechenden Erfahrungen zur richtigen Zeit erreichen können.

Außerdem wählen unsere Seelen nicht nur unsere Eltern und Familien, sondern auch unsere genetischen Veranlagungen und die Umstände aus, die uns formen. Es kommt ganz darauf an, wie wir auf die Faktoren reagieren, die uns Probleme machen. Um die alten Gedankenstrukturen loslassen zu können, müssen wir uns einer Läuterung unterziehen.

Je mehr mentales Gepäck man über Bord werfen kann, desto glücklicher wird man sein, desto mehr Reichtum und Glück wird man anziehen und desto leichter werden Beziehungen und Karrieren verlaufen. Die Engel helfen uns dabei, die Lasten abzuwerfen, die wir seit so vielen Leben getragen haben. Es ist an der Zeit, durch Freude zu lernen und den spirituellen Berg mit Leichtigkeit zu erklimmen.

ENGEL AUF EINER HOCHZEIT

Wenn Sie sich Foto Nummer 4 anschauen, empfangen Sie die Botschaft, dass die Engel Ihre Entscheidungen unterstützen.

Immer sind Engel auf Hochzeiten, Feiern oder bei anderen Zeremonien anwesend. Normalerweise sind die Geister unserer verstorbenen Lieben gemeinsam mit ihren Schutzengeln da, weil sie uns ihren Segen geben und uns ihre Liebe zeigen wollen. Aber sie wollen auch für sich selbst das Glück solcher Augenblicke genießen. Es spielt dabei keine Rolle, ob zum Beispiel eine Urgroßtante kommt, welche die Feiernden niemals auf der körperlichen Ebene kennengelernt haben, denn sie gehört ja immer noch zur Familie! Viele Menschen inkarnieren sich immer wieder innerhalb ihrer Seelengruppen.

Manchmal höre ich jemanden sagen, wie traurig es doch ist, dass die Großmutter starb, bevor ihr Enkel geboren wurde, und dass sie das Baby niemals sehen konnte. Von einem rein körperlichen Standpunkt aus betrachtet, stimmt das wohl, aber die Großmutter wird ihre Lieben mit Sicherheit weiter besuchen und beobachten, wie das Baby heranwächst. Ein Vater, der starb, bevor seine liebe Tochter heiratete, wird bei der Hochzeit von der geistigen Ebene aus anwesend sein und gemeinsam mit seinem Engel stolz und froh zuschauen.

Foto 4 ist eine wunderbare Aufnahme von einer schönen Hochzeit, auf der viele Engel anwesend waren. Links sieht man die Schutzengel der Gäste. Der Schutzengel des Bräutigams befindet sich über dessen Kopf und links oben von der Braut

Foto Nummer 4: Orbs auf einer Hochzeit, fotografiert von Johanna Pulli

sieht man einen riesigen Schutzengel mit einem Einhorn-Orb darunter, die ihr Kraft geben und sie unterstützen.

Der helle Orb rechts oben und die Orbs dahinter sind die Erzengel Michael und Gabriel, die miteinander verschmolzen sind, damit die Geister der Familienangehörigen an der Hochzeit teilnehmen können. (Man beachte die Gesichter in diesen Orbs.) Rechts vom Bräutigam befindet sich ein Engel der Verbindlichkeit. Außerdem sehen wir noch viele andere Engel. Wenn Sie sich diese Orbs anschauen, bekommen Sie ein Gefühl dafür, wie viel Unterstützung uns die geistige Hierarchie gewährt.

Selbst wenn Sie Entscheidungen treffen, die katastrophale Folgen für Sie haben werden, wird die geistige Hierarchie Sie unterstützen. Wenn Sie zum Beispiel eine Stelle annehmen, die absolut falsch für Sie ist, oder wenn Sie den falschen Partner heiraten, Kinder mit einem gewalttätigen Partner zeugen oder weglaufen, statt sich einer schwierigen Situation zu stellen, werden die Engel für Sie da sein.

ENGEL DES GLÜCKS

Die Engel lieben es, die Menschen glücklich zu sehen, denn fröhliches Lachen und kindliche Freude sind Formen der Dankbarkeit gegenüber dem Schöpfer. Engel strömen zu Ihnen, wenn Sie Freude am Leben haben. Sie nehmen einen Teil dieser Energie auf – aber nur, um sie Ihnen später zurückzugeben, wenn Sie diese brauchen. Die Engel helfen uns so sehr!

Ich sah ein wunderbares Foto, das auf einer Feier aufgenommen worden war, auf der alle Anwesenden aufgestanden waren und ekstatisch ihre Hände hin- und herschwenkten. Es überraschte mich nicht, dass massenhaft Engel anwesend waren und alle berührten.

Kapitel 5

SCHUTZ

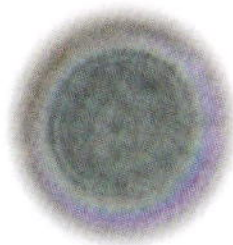

Ihr Schutzengel wird Tag für Tag für Ihre Sicherheit sorgen. Wenn Sie aber einmal besonders viel Schutz brauchen, zum Beispiel, wenn Sie mit dem Fahrrad unterwegs sind, eine Ihnen unbekannte Stadt zu Fuß erkunden oder einen gefährlichen Sport ausüben, sollten Sie Erzengel Michael und seine Beschützer-Engel anrufen.

Wenn Sie ein strahlendblaues Licht am Rande eines Orbs sehen, können Sie sicher sein, dass Erzengel Michaels Energie da ist, um Sie zu beschützen.

Ziemlich häufig schickt Erzengel Michael einen seiner Engel, der dann mit einer anderen Art Engel verschmilzt. Sie werden dies an der blauen Färbung erkennen. Verwechseln Sie diese aber nicht mit Kumekas Energie, die von einem ähnlichen Blau ist. Die Orbs der Beschützer-Engel sind milchig weiß und ähneln denen der Schutzengel, sie haben keine blaue Färbung.

Wir haben winzige Orbs gesehen, aber auch solche von gewaltigen Ausmaßen, besonders solche, die sich mit Einhörnern oder Erzengeln verschmolzen haben, um eine ganze Stadt zu beschützen.

Es hat uns erstaunt, wie oft wir Beschützer-Engel-Orbs auf oder in der Nähe von Menschen gesehen haben oder solche, die sich strategisch sinnvoll in bestimmten Räumen postiert haben. Wir haben mehrere Fotos bekommen, die in Hotelzimmern aufgenommen worden waren, und auf denen Beschützer-Engel zu sehen sind. Das erklärt sich dadurch, dass viele verschiedene Menschen diese Zimmer benutzen, von denen manche negative

Gedankenformen oder emotionalen Müll zurücklassen, wenn sie abreisen. Daher reisen die Beschützer-Engel gemeinsam mit Ihnen und Ihrem Schutzengel an solche Orte, um dafür zu sorgen, dass die niederen Schwingungen keine negativen Auswirkungen auf Sie haben.

In der Nähe von Menschen – besonders von Kindern – befinden sich immer Beschützer-Engel. Sie kümmern sich aber auch um Tiere. Wenn Ihnen etwas lieb und teuer ist, zum Beispiel ein schöner antiker Tisch oder ein Oldtimer, wird ein Beschützer-Engel damit beauftragt, diesen Gegenstand zu bewachen. Nach den Orbs der Schutzengel sind die Orbs der Beschützer-Engel am häufigsten zu sehen.

Wir Menschen haben wirklich keine Ahnung, wie sehr sich die geistige Hierarchie darum bemüht, uns zu beschützen.

Die Orbs der Beschützer-Engel sind milchig weiß und sehen denen der Schutzengel ziemlich ähnlich. Allerdings sind sie meistens undurchsichtiger und häufig auch kleiner.

SCHUTZ FÜR DIE FAMILIE

Auf Foto Nummer 5 können Sie einen Engel sehen, der sich zwischen dem Kristall und dem Fernseher postiert hat. Er beschützt die Familienmitglieder vor der Energie der Sendung, die gerade läuft. Viele Filme und Werbespots senden unterschwellige Botschaften aus. Die Energie von gewalttätigen oder negativen Sendungen – ja selbst die der täglichen Nachrichten – verbleiben im Zimmer und sensible Menschen, besonders Kinder, nehmen diese auf.

Es ist eine gute Idee, eine Klangschale oder ein Klangbecken zu kaufen und diese am Ende eines jeden Tages über dem Fernseher anzuschlagen, um die negativen Schwingungen aufzulösen und umzuwandeln.

Wenn Sie sich Foto Nummer 5 anschauen, empfangen Sie Schutz vor elektrischen Strahlungen.

Da die Energie des Kristalls neben dem Fernseher nicht stark genug war, um die Familie vor den Auswirkungen der Sendung zu schützen, erschien ein Engel, um ihn dabei zu unterstützen. Wenn Sie einen richtig gereinigten, geweihten und aufgeladenen Kristall der richtigen Art haben, mag dieser aber durchaus in der Lage sein, Ihre Familie auch ohne die Hilfe der Engel zu beschützen.

Ein schwarzer Turmalinkristall absorbiert die niedrige Energie und ist gut dazu geeignet, Sie vor der Strahlung von Fernsehern, Computern und anderen Elektrogeräten zu schützen. Wir haben Bilder gesehen, auf denen Orbs verschiedene Körperteile vor allen möglichen Gerätschaften beschützen.

Foto Nummer 5: Ein Orb, der die Strahlung des Fernsehers abfängt, fotografiert von Pam Raworth

Foto Nummer 6: der Orb von Foto Nummer 5 in Vergrößerung

Wenn Sie sich Foto Nummer 6 anschauen, empfangen Sie ein Gefühl der Liebe und des Beschütztwerdens.

Foto Nummer 6 ist eine Vergrößerung des Orbs aus Foto Nummer 5. Nun können Sie deutlich das blaue Schutzfeld erkennen, das auf der Seite stärker ist, auf der das Fernsehgerät seine negative Energie aussendet. Dies ist Erzengel Michaels Licht. Im Innern können Sie das Gesicht des Großvaters erkennen, der gerade von der anderen Seite angekommen ist. Er kommt voller Liebe, um seine geliebte Familie zu beschützen. Der Engel begleitet ihn, um sicherzustellen, dass ihm dies gelingt. Man erhält beim Betrachten ein Gefühl der Wärme und Geborgenheit.

DIE ENGEL SCHÜTZEN DIE NATUR

Viele Menschen gehen spazieren, um ihr Gehirn einmal so richtig durchlüften zu lassen und wieder klar denken zu können. Mutter Erde nutzt dieselben Kräfte, um ihre Energie zu klären. Aus spiritueller Sicht entstehen Hurrikane, Windböen, Taifune und andere Winde, wenn ein Gebiet gereinigt werden muss – besonders von der mentalen Energie menschlicher Gedankenformen.

Die Elementarwesen der Luft, die Sylphen, versammeln sich, um Kraft zu erzeugen. Es ist sehr hilfreich, mit den Wesen der verschiedenen Elemente zu kommunizieren, um deren Energie abzuschwächen oder manchmal auch zu verstärken. Wenn beispielsweise ein Feuer außer Kontrolle gerät, sollte man die Elementarwesen des Feuers, die Salamander, beruhigen, aber wenn das Anmachholz feucht ist und das Feuer nicht so recht brennen will, kann man mit den Salamandern reden und sie bitten, das Feuer zum Brennen zu bringen.

Kathy und ich waren fasziniert, als wir ein Foto von einem Tornado erhielten, das in Australien aufgenommen worden war. Wir konnten die gewaltige Kraft und Energie sehen, mit der sich der Wirbelsturm durch die Luft schraubte und alles auf seinem Weg mit in die Höhe riss. Während der Tornado dahinzog, war er von etlichen Orbs der Beschützer-Engel umgeben.

Wir nahmen zunächst an, dass diese Orbs die Menschen vor der Zerstörungswut der Elemente bewahren sollten, aber dem war nicht so. Wir empfingen die Information, dass die Beschützer-Engel gekommen waren, um der Natur zu helfen, mit dem Wirbelsturm fertig zu werden.

Ich hatte einmal eine Klientin, die einen Wohnwagen an der Küste stehen hatte. Sie hatte bereits gelernt, die Engel um Beistand zu bitten, und wenn eine Windböe aufkam, rief sie die geistige Hierarchie an und bat sie, auf ihr Haus, ihr Auto und ihren Wohnwagen aufzupassen. Ein Baum fiel um, verpasste ihr Auto, das in der Auffahrt stand, aber knapp. Auch das Gewächshaus wurde verschont. Als sie an jenem Wochenende umherfuhr, sah sie, dass alle anderen Wohnwagen vom Sturm umgekippt worden waren.

Nur ihrer stand noch felsenfest und unberührt. Sie sagte, dass sie die Engel in seiner Nähe hatte spüren können.

Die andere große Schutzkraft ist Liebe. Auch die Engel arbeiten mit dieser Energie. Ein Beispiel: Ein alter Mann saß für gewöhnlich in seinem Garten in einer hölzernen Pagode. Er hatte sie für seine inzwischen verstorbene Frau mit eigenen Händen gebaut, die beiden hatten zu ihren

Lebzeiten gemeinsam darin gesessen und sich an ihrem Garten erfreut.

Er kümmerte sich liebevoll um die Blumen, die er darum gepflanzt hatte. Als ein Orkan heranzog, wurde von dem herniederprasselnden Regen alles zu Boden gedrückt, aber es hatte fast den Anschein, als ob sich über der Pagode eine Kuppel befinden würde, denn das Gebäude und die Blumen blieben völlig unversehrt. Der alte Mann konnte darin sitzen und sich das Chaos anschauen, das der Regen hinterlassen hatte.

Foto Nummer 7: Orbs in der Natur, fotografiert von Susan Clayton

DIE ENGEL BESCHÜTZEN SIE IN DER NATUR

Wenn Sie sich Foto Nummer 7 anschauen, empfangen Sie das Wissen, dass sich die Engel um Sie kümmern, wenn Sie in der Natur sind.

Die Engel beschützen aber nicht nur die Natur, sie beschützen auch die Menschen, die sich in der Natur aufhalten, wie auf Foto Nummer 7 deutlich zu sehen ist. Das Foto zeigt Rick auf einer Wanderung. Sie können erkennen, dass der Weg, auf dem sie geht, glitschig ist. Es ist interessant, dass ein Aspekt von Erzengel Gabriel bei ihr ist, der in dem schneeweißen Orb auf der linken Seite zur Hälfte sichtbar ist.

Dieser Orb hilft ihr, sich über etwas klar zu werden. Gleichzeitig sorgt er dafür, dass ihre Gedanken im höchsten und reinsten Licht bleiben. Über ihrem Kopf erstrahlt ihr Schutzengel. Ob Rick sich dessen nun bewusst war oder nicht, sie wurde an diesen Kraftort gebracht, damit die beiden mit ihr arbeiten konnten. Zur selben Zeit tauchten die Beschützer-Engel auf, um dafür zu sorgen, dass sie körperlich in Sicherheit ist. Einer befindet sich auf Ricks Jacke, ein anderer auf dem Felsen. Wenn Sie sich dieses Foto anschauen, wird Ihnen klar, wie sehr Sie beschützt und geführt werden.

Kapitel 6

KLÄRUNG UND TRANSMUTATION

Wenn jemand in Ihrem Haus oder an Ihrem Arbeitsplatz verärgert oder wütend ist, hinterlässt dies eine negative Energie. Unterdrückte Wut, Eifersucht, heimlicher Groll, Kummer oder niedere Gedanken beeinflussen das Energieniveau eines Gebäudes.

Wenn Sie eine Feier in Ihrem Haus oder irgendeinem anderen Gebäude veranstalten wollen, ist es eine gute Idee, den Ort vorher zu reinigen und zu klären. Wenn ein spirituelles Treffen stattfinden soll, ist Klärung immer ein wichtiger Teil der Vorbereitung. Wenn Sie die Engel darum bitten, werden sie kommen, um Ihnen dabei zu helfen.

Wenn Sie nur einige Minuten darauf verwenden, vor einer Veranstaltung den Raum zu klären und die Engel herbeizurufen, macht das für das Energieniveau des Raumes einen gewaltigen Unterschied. Selbst die unsensibelsten Menschen spüren die veränderte Atmosphäre, und selbstverständlich ist die Arbeit, die Sie dann tun, erheblich effektiver.

Einmal kam ich zu früh in einer Halle an, in der ich ein Seminar leiten sollte. Die Energie fühlte sich stickig und irgendwie klamm an und war für eine spirituelle Veranstaltung sicherlich nicht förderlich. Ich ging mit Räucherstäbchen und einer Klangschale umher, setzte mich dann in die Mitte des leeren Raums und rief die Erzengel Michael, Uriel, Gabriel und Raphael an. In diesem Moment kam eine der Helferinnen in die Halle und rief mit lauter Stimme aus: »Mensch! Jetzt kommen die ganz schweren Jungs!« Sie hatte gespürt, wie die Engel in den Raum gerauscht kamen.

DIE ENGEL EINES GEBÄUDES

Jedes Gebäude bewahrt die Energie jedes Menschen auf, der es betreten hat, und die Energie aller Vorkommnisse, die sich dort ereignet haben. Die Gefühle verbleiben im Holz, im Stein und in den Ziegeln. Die meisten Menschen können eine Atmosphäre spüren und wissen instinktiv, ob die Menschen, die in dem betreffenden Haus leben, unglücklich oder krank sind oder Streit miteinander haben. Wenn man bestimmte Häuser betritt, fängt man selbst an einem warmen Tag an zu frieren.

Meistens befinden sich dort Geister, die nicht loslassen können, manchmal hat sich dort aber auch etwas Schreckliches ereignet, das seinen Niederschlag im Äther gefunden hat.

Wohnhäuser, Schulen, Fabriken und Büros haben Engel, die sich um sie kümmern und deren Aufgabe es ist, göttliche Energie auszustrahlen und dafür zu sorgen, dass der Ort voller Licht ist. Aber manchmal können sie eine negative Schwingung trotz aller Bemühungen nicht umwandeln, dazu brauchen sie dann Ihre Hilfe. Der Engel Ihres Hauses hilft Ihnen, die Energie zu klären und sie zu stabilisieren. Wenn Sie seine Präsenz anerkennen, die Zimmer reinigen und die Schwingung in ihnen erhöhen, können Sie jede Negativität auflösen.

Sie tun dies, indem Sie Räucherstäbchen oder Kerzen anzünden, sakrale Musik spielen, Klangschalen, Gongs oder Trommeln anschlagen. Wenn Sie in den Ecken, in denen sich die schwere Energie ansammelt, in die Hände klatschen, können Sie diese auflösen, sodass der Engel des Hauses sie umwandeln kann.

Gebete, Meditation, Gesang und andere spirituelle Übungen können ebenfalls den Lichtpegel anheben und die Aufgabe Ihres Hausengels leichter machen. Dabei ist die Absicht, mit der Sie etwas tun, von großer Bedeutung.

Selbstverständlich können Sie auch mit den Engeln von Fabriken, Schulen, Krankenhäusern, Verwaltungs- oder anderen Gebäuden auf dieselbe Weise zusammenarbeiten, indem Sie die Räume säubern und die Schwingungsfrequenz in ihnen anheben. Blumen klären Energien und erhöhen die Schwingung. Es ist auch hilfreich, wenn Sie sich vorstellen, dass Licht in einen Raum strömt, und dann die Engel bitten, ihn mit Frieden, Liebe und Integrität zu füllen.

Wenn Sie das Christus-Licht anrufen, das reine, bedingungslose Liebe ist, können Sie einen gewaltigen Unterschied in der Energie eines Gebäudes bewirken. Sie müssen nicht einmal dort sein, wenn Sie dies tun. Sie können dieses Licht auch aus der Ferne anrufen und visualisieren, wie das goldene Licht in das betreffende Haus einströmt.

Wir erhielten eine Reihe von Bildern, auf denen zu sehen war, wie ein Haus restauriert wurde. Auf dem ersten Bild waren ein sehr heller Orb, der Engel des Gebäudes und viele Geister zu sehen, die noch nicht hinübergegangen waren und sich immer noch an ihren alten Aufenthaltsort klammerten. Kathy und ich hatten beide das Gefühl, von eiskalten Fingern berührt zu werden, als wir es anschauten. Das muss sich sicherlich auch auf die Menschen ausgewirkt haben, die dort arbeiteten.

Wenn Sie Kontakt zum Engel eines Gebäudes aufnehmen, kann er Sie abschirmen, sodass Sie die Präsenz von Geistern nicht so stark wahrnehmen.

Auf dem zweiten Bild waren die Arbeiten bereits fortgeschritten, und die Geister hatten sich anscheinend fortbewegt, denn sie waren nicht mehr zu sehen. Auf diesem Bild erschien der Engel des Gebäudes als Orb direkt über dem Haus, von wo aus er in alle Richtungen strahlte. Es war offensichtlich, dass er das Gebäude beschützte und bestimmte Menschen willkommen hieß. Interessanterweise waren auf diesem Bild auch viele Schutzengel der Arbeiter anwesend.

Die meisten Menschen wissen, dass Menschen, Tiere und sogar Bäume Beschützer haben, die sich um sie kümmern.

Es ist tröstlich zu wissen, dass auch Gebäude ihre Beschützer haben.

DIE ENGEL DER TRANSMUTATION

Wenn Sie beschließen, Ihrem Haus einen Anbau hinzuzufügen, ein Zimmer neu zu dekorieren oder einen gründlichen Frühjahrsputz durchzuführen, zeigen Sie damit, dass Sie bereit sind, Ihr eigenes Bewusstsein zu ändern.

Die Engel werden Sie dabei unterstützen. Wenn Sie also renovieren oder umdekorieren, kommen die Engel der Transmutation und helfen Ihnen, die alte Energie zu klären und den Raum für die neuen Energien vorzubereiten. Wenn Sie diese Engel bewusst anrufen, kommen noch mehr von ihnen, um zu helfen. Dies wird auch für Sie den Übergang zu einem höheren Bewusstsein leichter machen.

Als ich gerade über dieses Thema nachdachte, rief mich eine Freundin an und erzählte mir, dass ihr Mann und sie dabei waren, den Dachboden aufzuräumen, auf dem sich das Gerümpel aus zehn Jahren angesammelt hatte. Sie hatten beschlossen, alles wegzuschmeißen. Ich erinnerte sie daran, die Engel der Transmutation anzurufen, was sie auch tat. Später erzählte sie mir, dass sie die Anwesenheit der Engel deutlich gespürt hatte. Dies half ihnen dabei, an ihrer Entscheidung festzuhalten, alles, aber auch alles wegzuwerfen und kein Gerümpel mehr aufzubewahren. Ein paar Tage später ergab sich für ihren Mann eine neue berufliche Situation. Mit anderen Worten: Die Engel hatten ihnen dabei geholfen, etwas Neues und Besseres anzuziehen, um das Alte zu ersetzen.

Knapp einen Monat später machte sich eine andere Freundin an das gleiche Projekt. Ihr Mann und sie trennten sich von allem alten Gerümpel, aber da ihre Tochter beschlossen hatte, durch Südamerika zu reisen, stellte sie all ihr Zeug bei ihnen ab. Als ich sie besuchte, konnte ich wegen der vielen Umzugskartons kaum die Hintertür öffnen. Nun hatten sie mehr Zeug als zuvor. Es stimmt schon, dass die Natur die Leere verabscheut, denn irgendetwas kommt immer, um sie zu füllen.

Unsere Aufgabe besteht darin, unsere Schwingungsfrequenz anzuheben, damit das Neue wirklich besser als das Alte sein kann. Es wird oft gesagt, dass das Wegwerfen des Alten, das Umgestalten eines Zimmers, der Anbau an ein Haus oder das Umziehen an einen neuen Ort Möglichkeiten sind, das eigene Bewusstsein möglichst schnell zu erweitern. Dadurch werden unvermeidlich Veränderungen eintreten, und Sie erhalten eine Menge unsichtbare Unterstützung aus den höheren Welten.

EINEN RAUM KLÄREN

Wenn Sie etwas lernen möchten, kann Ihnen Ihr Schutzengel dabei helfen. Er wird die Informationen, die Sie brauchen, in sich aufnehmen und sie auf Sie übertragen, wenn Ihr Verstand entspannt und empfänglich ist. Dies ist besonders in diesen stressvollen Zeiten wichtig, in denen die Schulkinder und Studenten aller Altersgruppen oft zu angespannt sind, um den Unterrichtsstoff aufzunehmen. Räume, in denen Schüler etwas über höhere Eigenschaften lernen sollen oder in denen viel Licht ist, müssen geklärt werden. Die Engel werden Ihnen dabei helfen.

Wenn Sie sich Foto Nummer 8 anschauen, erfahren Sie die Umwandlung von Angst in Selbstvertrauen.

Auf Foto Nummer 8 sehen Sie eine Lehrerin über Frieden in der Welt sprechen. Dies zieht natürlich dunkle Kräfte an, die sie davon abhalten wollen, denn Motten fühlen sich immer zur

Flamme hingezogen. Um die Frau zu beschützen und diese dunklen Energien umzuwandeln, haben sich die Schutzengel der Schüler um sie herum versammelt.

Sie haben sich auch umeinander geschart, damit sie besser miteinander kommunizieren können. Die Engel suchen nach der besten Möglichkeit, die Schüler zu einem höheren Verständnis von Friedfertigkeit und Gewaltlosigkeit zu inspirieren.

Foto Nummer 8: Orbs in einer Schulklasse, fotografiert von Riina Lazovskaja

Wie bei vielen Bildern, auf denen Orbs sichtbar sind, übermitteln uns die Engel auch hier verschiedene Botschaften. Wir wissen alle, dass wir nicht lernen können, wenn wir gestresst sind. In den Zeiten des goldenen Atlantis, als die Menschen das Funktionieren des menschlichen Bewusstseins wahrhaft verstanden, wurden in den Tempeln Klassenzimmer gebaut, die Frieden und Ruhe ausstrahlten. Jedes Zimmer wurde in der Farbe gestrichen, die für die betreffende Altersgruppe perfekt geeignet war. Bestimmte Harmonien wurden gespielt, damit sich die Gehirne der Kinder entspannen konnten.

Deshalb konnten die Schüler auch fortgeschrittene spirituelle Konzepte aufnehmen und verstehen, die ihnen auf telepathischem Wege übermittelt wurden. Damals wussten die Menschen – und wir ahnen es heute noch –, dass der Verstand empfänglich sein muss, wenn er Informationen aufnehmen soll.

Die Engel-Orbs auf diesem Foto helfen den Schülern, einen ruhigen Geisteszustand zu erlangen, damit sie leichter lernen können. Diese Orbs sollen Sie daran erinnern, dass die Engel Ihnen dabei helfen können, Informationen aufzunehmen, und dass sie auch in der Lage sind, jede negative Kraft umzuwandeln.

Kapitel 7

ENGEL DER LIEBE

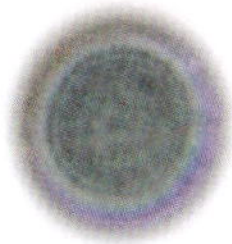

Als wir anfingen, Orbs genauer zu betrachten, entdeckten wir, dass Engel der Liebe am leichtesten zu erkennen sind, weil sie so hell und rein sind. Sie enthalten einfach leuchtendes Licht und strahlen Liebe aus. Manchmal bewegen sich diese Orbs so schnell, dass sie einen Schweif hinter sich her ziehen. Weit entfernte Engel der Liebe, die über den Himmel ziehen, sehen aus wie Kometen.

Nachdem wir Hunderte von Orbs betrachten konnten, haben wir ein Gefühl dafür bekommen, wie viel Liebe aus dem Universum für jeden einzelnen Menschen vorhanden ist. So viele von uns scheinen dies zu ignorieren oder wissen überhaupt nichts davon. Aber wie jede andere Energie kann man auch diese herbeirufen. Und dann wird sie einen berühren, und man wird sich sehr wohl damit fühlen.

Es ist nur natürlich, dass die Engel der Liebe Ihnen in Ihren Beziehungen helfen können. Der häufigste Grund für Beziehungsprobleme mit Partnern, Freunden oder Kollegen ist, dass wir glauben, nicht liebenswert zu sein. Wenn Ihr inneres Kind die Überzeugung, dass es nicht gut, nicht liebenswert oder nicht speziell genug ist, bereits verinnerlicht hatte, als Sie noch ein Baby waren, haben Sie einen Teil Ihres Herzens verschlossen. Als Folge davon beschränken Sie die Menge an Liebe, die Ihnen eigentlich zur Verfügung steht.

Das mag Gefühle der Eifersucht auslösen, sodass Sie die Welt durch giftgrün gefärbte Brillengläser des Neides betrachten, was natürlich nicht sehr angenehm ist. Dies kann aber auch zu

Bedürftigkeit, Gemeinheit, Desinteresse, Depression, Vereinsamung oder einem Gefühl der inneren Leere führen. All diese Gefühle entstehen, weil Ihr inneres Kind glaubt, dass es sowieso nie genug geliebt werden wird. Um das Problem noch zu verkomplizieren, stößt genau dieses Gefühl Liebe und Freundschaft ab. Weil wir alle Menschen sind, hat fast jeder von uns schon einmal solche Gefühle durchlebt.

Wenn Ihr Herz aber voller Liebe ist, strahlen Sie attraktive Eigenschaften wie Großzügigkeit, Glück, Freundlichkeit, Fürsorglichkeit oder Empathie aus und ziehen Liebe und Freundschaft an. Auch diese Gefühle kennen die meisten von uns, weil wir sicher alle schon einmal unser Herz geöffnet haben. Die Engel der Liebe helfen uns, unser Herzzentrum mit Glück, Freude, Frieden und Entzücken zu erfüllen. Dass es keinen Mangel an Liebe gibt, wissen wir aus der Vielzahl von Orbs.

Eine junge Frau schickte mir eine E-Mail, in der sie schrieb, dass sie gerade eine schwierige Phase mit ihrem Freund durchmachte. Weiter schrieb sie, dass sie aus dem Fenster geschaut und dort draußen drei helle Orbs gesehen hatte. Zwei von ihnen waren sehr rein und leuchtend, der dritte war rosafarben. Sie hatte mit eigenen Augen Erzengel Chamuels Engel mit zwei Engeln der Liebe gesehen, die gekommen waren, um ihr zu helfen. Es scheint so, als ob mehr und mehr Menschen heute Orbs sehen können.

Wir erhielten zwei Fotos, eines von einem Mann, das andere von einer Frau. Beide hatten einen Engel der Liebe ganz in ihrer Nähe. Wir erfuhren, dass die beiden Partner waren, die sich nicht vertrugen, und dass die Engel der Liebe zu beiden gekommen waren, um ihre Herzen aneinanderzubinden. Das erinnerte uns wieder einmal daran, dass die Engel der Liebe uns in unseren Beziehungen helfen können.

Eine Frau schickte uns ein Foto ihres neuen Mannes, der auf einen See hinausblickte. Vor ihm war ein strahlender

Liebes-Engel-Orb mit einem Einhorn-Orb darüber. Die Orbs strahlten reine Liebe aus, und es war offensichtlich, dass er in Glückseligkeit schwelgte.

Wenn Sie sich Foto Nummer 9 anschauen, empfangen Sie vom Universum die Gewissheit, dass es auch für Sie Liebe gibt.

Foto Nummer 9: Orbs mitten unter Tieren, fotografiert von Lynda Hughes

Lynda Hughes schickte uns dieses wunderschöne Foto. Sie legte die Nachricht bei, dass seit ein paar Jahren ein südamerikanischer Papagei in ihrem Dorf lebte, von dem niemand wusste, wo er hergekommen war. Sie schrieb, dass er dort sehr glücklich zu sein schien und sich inmitten der Gänse und Hühner sehr wohlfühlte. Der helle Orb neben der Gans ist ein Engel der Liebe. Alle anderen Orbs sind Engel, die Geister transportieren. Diejenigen in der Nähe der Gänse haben Aspekte von Erzengel Michael oder Raphael in sich. Der Papagei schaut seine Schutzengel an, und man kann sehen, dass auch diese Geister bei sich haben. Im Gras befinden sich zudem noch viele Naturgeister, deren Gesichter man erkennen kann.

Wenn Sie Foto Nummer 10 anschauen, lernen Sie, die bedingungslose Liebe der Tiere zu verstehen.

Foto Nummer 10 ist eine ganz wunderbare Aufnahme. Sie zeigt einen Hund, der einen Engel der Liebe beobachtet, der an ihm vorbeirauscht. Es steht außer Zweifel, dass er den Engel sieht. Sein Gesichtsausdruck sagt alles.

Foto Nummer 10: Ein Engel der Liebe, fotografiert von Andrew Wood

Alle Tiere, besonders aber Katzen, sind medial begabt. Sie sehen und hören Dinge, die über den für Menschen sicht- und hörbaren Frequenzbereich hinausgehen. Wenn Menschen sich an alten Groll und Schmerz klammern, schließen sie die Liebe aus ihrem Leben aus. Tiere halten ihr Herz offen, denn sie können die Engel der Liebe und die anderen geistigen Wesen sehen und die Dinge von einer höheren Warte aus wahrnehmen. Sie urteilen niemals und schränken ihre Liebe auch niemals ein. Sie rationalisieren nicht oder teilen die Liebe, die sie empfinden, nur scheibchenweise aus. Ihr Herz ist voller Empathie und Mitgefühl, was ein Grund dafür ist, dass Haustiere so liebevoll und fürsorglich sind.

Kapitel 8

TIERE

Alle Tiere haben geistige Beschützer. Die höher entwickelten Arten haben ihre eigenen Schutzengel. Tiere wie kleine Vögel oder Fische, die einer Gruppenseele angehören, haben einen Engel, in dessen Obhut sich der ganze Schwarm befindet. Wir haben Fotos von Tieren gesehen, die von Orbs umgeben waren, und zwar nicht nur von den Orbs ihrer Schutzengel, sondern auch von Beschützer-Engeln, Engeln der Transmutation und der Liebe und von Erzengeln. Manchmal sind auch Feen und Einhörner bei ihnen.

Aufgrund ihrer Unschuld und Schlichtheit werden Tiere von der geistigen Welt besonders geliebt. Die meisten Haustiere haben offene Herzen und lehren die Menschen unter anderem Geduld, Güte, Vergebung, Mitgefühl, Würde, Empathie und Liebe. Sie inkarnieren sich in den von ihnen ausgewählten Familien, um ihnen zu helfen, um sich um sie zu kümmern und um sie bedingungslos zu lieben. Im Austausch dafür haben sich die Menschen bereit erklärt, die physischen Bedürfnisse der Tiere zu erfüllen und sie zu lieben.

Auch Nutztiere wie Kühe, Schafe, Ziegen, Schweine, Hühner oder sogar Kamele inkarnieren sich, um zu lernen und sich zu entwickeln. Auch sie lehren die Menschen viele höhere Eigenschaften. Als sich die verschiedenen Tierarten dazu entschieden, sich auf der Erde zu inkarnieren und sie zu ihrem Lieblingsplaneten zu machen, waren die Lernbedingungen noch völlig anders. Zwischen Menschen und Tieren herrschten damals Liebe und Respekt. Nicht eines der Tiere hätte sich vorstellen können, dass sie einmal im Vergleich zum Menschen als minderwertig behandelt werden würden. Sie waren einfach auf einem anderen Weg als die Menschen. Erstaunlich ist, dass sie bis jetzt die unmenschliche Behandlung durch jene, die sie nur wegen des Profits halten, geduldig ertragen haben. Auf den wenigen Bildern in diesem Kapitel können Sie sehen, dass die Engel auch den Tieren helfen.

Tiere entwickeln sich genau wie Menschen und reinkarnieren sich immer wieder, um ihre Lektionen zu lernen. Jedes Tier hat etwas anderes zu lernen. Tiere reinkarnieren sich über mehrere Leben hinweg immer innerhalb derselben Familie, besonders wenn eine Bindung aufgrund von Liebe besteht, sodass sie gemeinsam spirituell wachsen können. Aus diesem Grund sagen viele Menschen, dass sie das Gefühl haben, ihre Haustiere schon zu kennen. Die Erinnerung an vergangene Leben steckt tief in ihnen verborgen.

In vielen Orbs haben wir die Geister von auf der Erde verstorbenen Tieren gesehen, die gebracht werden, damit sie ihre früheren Besitzer besuchen können. Wir zeigen hier mit Foto Nummer 11 den Orb einer Großmutter, die aus der geistigen Welt kommt, um ihre Enkelin und ihre geliebte Katze zu besuchen. Alle Tiere, auch domestizierte Tiere, können sich psychisch auf die Atmosphäre und die Stimmungen der Menschen einstellen.

Tiere werden auch sehr stark vom Geist geführt. Sie spüren die Bewegungen der Erde und verlassen als Erste ein Gebiet, wenn sich eine Naturkatastrophe ankündigt. Wir könnten sehr viel von ihnen lernen, wenn wir sie aufmerksam beobachten und die Bereitschaft zum Lernen aufbringen würden.

HUNDE

Hunde lernen Lektionen der Hingabe, Liebe und Treue. Sie lehren ihre Familien dieselben Eigenschaften. Indem sie sich um Tiere kümmern und für sie sorgen, lernen Kinder – und viele Erwachsene – Fürsorglichkeit und Empathie zu entwickeln. Hunde haben eine männliche, bewegungsorientierte Energie und werden mit Gewalt versuchen, negative Wesenheiten oder Geister, die aufgrund eines Mangels an Liebe bösartig sind, davon abzuhalten, ihren menschlichen Schützlingen etwas Böses anzutun. Viele Menschen sind schon mit einem Hund in einem Raum gewesen und haben miterlebt, dass dieser plötzlich anfängt zu knurren und seine Nackenhaare aufstellt, während er etwas anschaut, was sie nicht sehen können. Der Hund hat dann wahrscheinlich eine dunkle Energie wahrgenommen und zeigt seine Bereitschaft, für seine Lieben zu kämpfen.

Wir sahen das Foto eines Hundes mit gesträubtem Fell, der eine solche Wesenheit gesehen hatte. Aufgrund der Anwesenheit dieses dunklen Eindringlings war der Hund von verschiedenen Orbs – Einhörner, Schutzengel und Beschützer-Engel – umgeben. Er kümmerte sich um seine Familie, und im Gegenzug kümmerte sich die geistige Welt um ihn.

KATZEN

Katzen haben eine weibliche Energie. Daher sind sie zwar wachsam, aber dennoch entspannt, anmutig und liebevoll. Wie alle Haustiere mögen sich auch Katzen dafür entscheiden, sich immer wieder innerhalb derselben Familie zu inkarnieren. Deshalb spüren viele Menschen, dass sie eine tiefe Verbindung zu ihnen haben. Auch Katzen sorgen für ihre Besitzer und obwohl die meisten Menschen denken, sie kümmern sich um ihre Katzen, beschützen die Katzen in Wahrheit sie und ihre Wohnungen vor dunklen Wesenheiten und schlechten Energien.

Viele Katzen sind Heiler und heilen ihre Besitzer, ohne dass diese sich dessen bewusst sind. Sie sind sehr medial veranlagt, und zwar weit mehr, als die meisten Menschen vermuten würden. Sie stammen vom Orion und sind in hohem Maße erleuchtet.

In den Zeiten des goldenen Atlantis hatte jeder Haushalt eine Katze, welche die Familie heilte, während sie das Haus beschützte und dessen hohe Schwingungsfrequenz aufrechterhielt. Als die Energie von Atlantis zu sinken begann, versuchten die Magi als Erstes, die Lage zu stabilisieren, indem sie Orion baten, mehr Katzen zu schicken. Aber auch das reichte nicht aus, um den Abwärtstrend aufzuhalten.

Wenn Sie sich Foto Nummer 11 anschauen, werden Sie bedingungslose Liebe für sich selbst und für Ihre Lieben im Geiste empfangen.

Pam Raworth schickte uns dieses entzückende Bild ihrer Katze Misty auf den Schultern ihrer Tochter. Man sieht einen hellen Liebesengel direkt bei ihr, der den Geist ihrer Großmutter trägt.

Foto Nummer 11: Ein Geist besucht seine Lieben, fotografiert von Pam Raworth

Der Orb ist von Erzengel Michaels Blau umhüllt. Die Großmutter kommt in Liebe, um sowohl die Katze als auch ihre Enkelin zu besuchen. Auf einem später aufgenommenen Foto, das wir aus Platzgründen hier leider nicht veröffentlichen können, sahen wir Liebesengel durch den Himmel fliegen und mit dem Geist der Großmutter in den siebten Himmel zurückkehren.

PFERDE

Pferde sind hoch entwickelte, wunderschöne Geschöpfe, die sich ursprünglich inkarniert hatten, um die Menschen zu tragen, weil es noch keine anderen Transportmöglichkeiten gab. Sie wollten frei sein und in den Zeiten, in denen man sie noch schätzte und ehrte, wurden sie ohne Sattel geritten. Sie vermitteln uns auch heute noch ein Gefühl der Freiheit. Wenn Sie ein Bild von einem galoppierenden Pferd sehen, dessen Mähne im Wind fliegt, empfinden Sie ein Gefühl von Freiheit, Freude und Kraft.

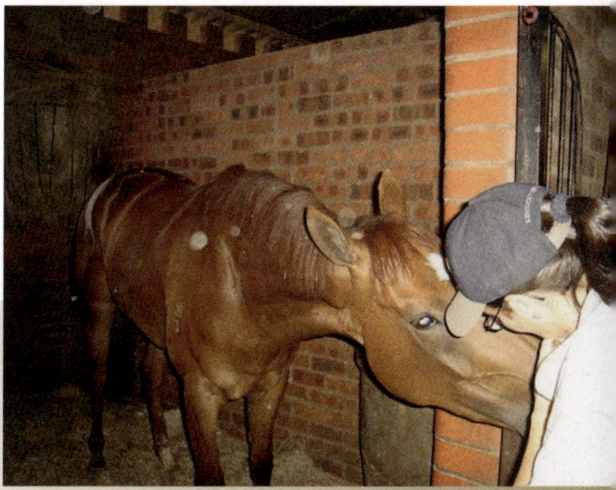

Foto Nummer 12: Ein Einhorn-Orb bei einem Pferd, fotografiert von Karen Yardley

Diese Tierart wollte die Lektionen der Erde lernen und sich entwickeln, damit sie aufsteigen konnte, nachdem sie die Herausforderungen dieses Planeten gemeistert hatte. Pferde lernen Eigenschaften wie Würde, Selbstwertgefühl, Ehre und Liebe und lehren die Menschen diese auch. Wenn sie diese Lektionen gemeistert haben und schließlich diesen Planeten verlassen, um aufzusteigen, werden sie zu Einhörnern. Einhörner stehen den Pferden so nahe wie die Schutzengel uns. Gelegentlich kann man ein Einhorn sehen, das mit einer Herde Wildpferde mitgaloppiert. Einhorn-Orbs kann man häufig in der Nähe ihrer Pferdefreunde sehen.

Wenn Sie sich Foto Nummer 12 anschauen, empfangen Sie den Wunsch, mit Tieren Kontakt aufzunehmen und den damit verbundenen Frieden zu spüren.

Dieses herrliche Pferd auf Foto Nummer 12 heißt Lookalike (Doppelgänger). Sie können den kleinen Orb auf seinem Scheitel sehen, in dem sich ein Einhorn befindet, welches das Pferd für die Erleuchtung öffnet. Auf seiner Schulter und oben links sieht man einen von Kumekas Engeln, der sowohl Erleuchtung als auch Schutz bringt. Oben in der Mitte des Fotos ist ein Beschützer-Engel zu sehen. Auch die Schutzengel des Pferdes und des Mädchens sind anwesend. Der Schutzengel des Pferdes ist der kleinere Orb rechts, und der Orb in der rechten oberen Ecke ist der des Mädchens. Zudem sind viele winzige Feen-Orbs zu erkennen, die wie stecknadelkopfgroße Lichtpünktchen aussehen. Die Orbs erinnern uns daran, dass um uns herum ständig eine unsichtbare Welt existiert.

Wenn Sie sich Foto Nummer 13 anschauen, empfangen Sie Heilung für Ihre Seele.

Wenn die Hauptthemen Ihres Lebens bisher Überleben und Erfolg waren, wenn Sie hauptsächlich damit beschäftigt sind, Reichtümer anzuhäufen, erfüllt dies Ihre Seele nicht. Sie wird welk und müde. Es ist gut möglich, dass Sie auf der Seelenebene verletzt, enttäuscht oder beleidigt sind. Alle, die das Gefühl haben, dass sie irgendwie vom Weg abgekommen sind und nicht wissen, wie sie das ändern sollen, brauchen Heilung für ihre Seele.

Foto Nummer 13: In der Kirche St. George, fotografiert von Mary Spain

Foto Nummer 13 nahm Mary Spain in der Kirche St. George auf. Sie sagte, dass es kein nach Osten gerichtetes Fenster gebe und dass das, was scheinbar ein Fenster ist, in Wirklichkeit der größere Orb ist. Sie fügte hinzu, dass der Stern unterhalb des Orbs von den Kindern der Sonntagsschule aus Silberpapier gebastelt wurde. Der bemerkenswerte Orb oben links ist eine Verschmelzung der Erzengel Michael, Raphael und Zadkiel. Der blasse Orb rechts enthält ebenfalls deren Energien. Dieses Bild bewirkt Heilung für Ihre Seele.

ZIRKUSTIERE

Manche Menschen mögen es nicht, wenn sie Fotos von Tieren sehen, die im Zirkus vorgeführt werden, und selbstredend ist es an der Zeit, dass die Menschen begreifen, dass sich Tiere auf ihrem eigenen Seelenweg befinden und nicht dazu da sind, um die Menschen zu unterhalten. Aber wir wollten Ihnen mit Foto Nummer 14 zeigen, wie viel Schutz die Tiere von der geistigen Welt erhalten.

Wenn Sie sich Foto Nummer 14 anschauen, werden Sie die Erkenntnis empfangen, dass die Menschen ihr Bewusstsein erweitern müssen, um die Tiere stärker zu ehren.

Foto Nummer 14: Orbs im Zirkus, fotografiert von Radka Jurcgova

Auf Foto Nummer 14 sehen Sie große Orbs, die Aspekte der Erzengel Raphael, Uriel und Gabriel enthalten. Schauen Sie sich die Orbs aufmerksam an, dann werden Sie sehen, dass in ihnen Grün, Gelb und Weiß enthalten ist. Der blaue Orb ist ein Aspekt des Erzengels Michael, während der Orb über den Höckern des Kamels Kumeka ist, der mit einem Engel der Liebe verschmilzt – wie auch der rechts über dem Kind. Einer von Kumekas Engeln befindet sich rechts unten, und rechts oben ist ein Tiergeist, der von einem Engel gebracht wurde, der mit einem von Erzengel Michaels Engeln verschmolzen ist.

Dieses Foto erinnert uns daran, dass wir unsere Mitgeschöpfe respektieren müssen. Es beinhaltet außerdem die Botschaft, dass man niemals daran zweifeln sollte, dass alle Tiere offen sind, um Liebe und Heilung zu empfangen. Zudem erinnert es uns, dass sich Tiere auf ihrem eigenen Entwicklungsweg befinden und ein Recht darauf haben, ihr eigenes Leben zu führen.

Kapitel 9

KLANG

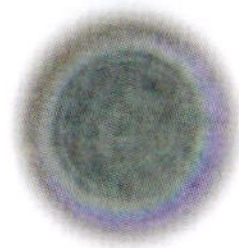

FEKORM

Fekorm ist ein Meister der Musik, der gerade aus einem anderen Universum kommend auf der Erde eingetroffen ist und außergewöhnliche Kenntnisse über die Macht des Klanges mit sich bringt. Er ist daran gewöhnt, auf viel höheren Frequenzen zu arbeiten als wir, und ist auf unseren Planeten gekommen, um uns zu helfen, auf eine neue Ebene aufzusteigen.

Uns wurde gesagt, dass er sich auf derselben Schwingungsebene befindet wie ein Erzengel und dass er wie alle Engel aus dem Herzen Gottes stammt. Jedoch ist das System, aus dem er stammt, anders, und sie haben dort keine Engel, wie wir sie kennen. Er ist ein Lyslih.

Als Fekorm auf die Erde kam, um uns zu helfen, studierte und meisterte er zunächst alle alten Musiksysteme, die je auf diesem Planeten existiert haben. Er hat die Heilmethoden aus Atlantis, Lemuria und anderen alten Zivilisationen, von denen wir überhaupt nichts mehr wissen, wiederbelebt. Gleichzeitig bringt er jedoch auch neue Methoden der Klangerzeugung zu uns.

Bestimmte Menschen wie Rosemary Stephenson, die mit ihrer Stimme und mit Kristallschalen Musik macht, haben sich bereits auf seine Energie eingestimmt. Rosemary ist Lehrerin an der Diana Cooper School und durch eine glückliche Fügung und aufgrund göttlicher Synchronizität war sie 2007 zur selben Zeit in Südafrika wie ich. Natürlich lud ich sie ein, auf meiner Veranstaltung zu singen, und alle Zuhörer waren entzückt, da sie wirklich etwas ganz Besonderes ist. Auf Foto Nummer 15, das uns freundlicherweise von Alison Relleen geschickt wurde, können Sie den herrlichen Orb von Fekorms Engel in Rosemarys Nähe sehen, während sie singt.

Der Engel heilt das Publikum durch die Schwingung von Rosemarys Stimme. Links sehen Sie einen Einhorn-Orb, der sie unterstützt. Interessanterweise hat sie an der ersten Lehrerausbildung teilgenommen, die ich leitete, nachdem mir die Einhörner erstmals erschienen waren und mich gebeten hatten, Informationen über sie zu verbreiten.

Die Ausbildung war ein Intensivkurs, der in Frankreich stattfand, und obwohl es im Seminar um Engel und Aufstieg ging, galoppierten schneeweiße Pferde vor dem Seminarhotel auf und ab. Alle Anwesenden stellten eine tiefe Verbindung zu den Einhörnern her, auch Rosemary.

Foto Nummer 15: Fekorm, fotografiert von Alison Relleen

Dieses Foto überträgt die Botschaft, dass die Engel Klang als Heilungsmedium benutzen, dass Sie die Energie der Klänge empfangen können und dass sich die Schwingung überall dorthin ausbreiten wird, wo sie in Ihrem physischen, emotionalen, mentalen oder spirituellen Körper gebraucht wird.

Wenn Sie sich Foto Nummer 15 anschauen, werden Sie Freude und Heilung empfangen.

Viele Menschen schreiben Texte und Musik, die sich in Harmonie mit den niederen Energien dieses Planeten befinden, wie zum Beispiel Melancholie, Enttäuschung oder sogar Wut. Diese mindern die Lebenskraft und zerstören das Glück derer, die sie anhören. Fekorm arbeitet mit den Einhörnern, um all jenen zu helfen, die ihre Kreativität einsetzen, und sie zu ermutigen, andere zum höchsten Wohl aller zu inspirieren. Er berührt all jene, die nach Herrlichkeit und Freude streben. Eine seiner Aufgaben besteht darin, die Menschen die Heilkraft des Klanges zu lehren.

Er tut dies, indem er jenen hilft, die bereit sind, ihre Schwingung durch Musik anzuheben und ihre alten Muster aufzulösen und sie zu heilen.

Bei seinem Streben nach Heilung gibt Fekorm auch jenen Kraft, die Texte und Musik schreiben, die zum Beispiel auf der Frequenz von Autisten schwingen, die nicht mit den niederen Frequenzen auf diesem Planeten umgehen können. Viele von uns stammen von anderen Planeten oder sogar aus anderen Universen, und es hat schon immer viele Besucher auf der Erde gegeben.

Gegenwärtig befinden sich mehr davon auf der Erde als jemals zuvor. Sie inkarnieren sich, um der Menschheit höhere Eigenschaften zu demonstrieren und Erleuchtung zu bringen und um die gewaltigen Möglichkeiten zu erleben, die es heute für spirituelles Wachstum gibt. Da viele von ihnen in einem anderen Frequenzbereich als der Durchschnittsmensch schwingen, kann das Leben für sie sehr schwer sein.

Außerdem gibt es Millionen Seelen, die nicht verstehen, was auf der Erde geschieht, bei all der Gewalttätigkeit und dem Egoismus. Die Schwingungen dieser Klänge sollen sie beruhigen und trösten und sie daran erinnern, dass das Leben auch anders sein kann. Wir hoffen, dass die Musik ihnen allen helfen wird, sich auf die höheren Schwingungen einzustimmen, die auf der Erde verfügbar sind, damit sie hier besser zurechtkommen.

Fekorm ermutigt uns zum freien Ausdruck und lehrt, dass Tanzen, Singen und verschiedene Formen der Klangarbeit jenen freien Ausdruck herbeiführen, der die Schwingung anhebt.

Neue Technologien und verbesserte Instrumente bieten neue Möglichkeiten, andere Klänge zu erzeugen, und Fekorm hilft dabei, die neuen Instrumente auf der Erde einzuführen. Wenn Sie ein Komponist gleich welcher Musikrichtung sind, ist es für Sie wichtig, auf ihn zu hören, da sich darin die Möglichkeit verbirgt, in der Zukunft die Heilung und Erleuchtung für so viele Menschen mit voranzubringen. Der Meister nimmt zudem auch alte Instrumente wie indianische Trommeln oder das Didgeridoo der australischen Aborigines in sein Repertoire auf und kombiniert sie mit neuen. Indem er dies tut, erschafft er etwas Neues, das größer ist, als jedes von beiden es zuvor war.

Der für das menschliche Ohr hörbare Bereich wird erweitert. Fekorm arbeitet daran, uns die Klänge der Engel hören zu lassen, die von den Orbs ausgehen. Bald werden wir auch in der Lage sein, die Musik der Sphären zu hören.

Foto Nummer 16 wurde von Pam Raworth 2007 anlässlich des Engeltages in Bournemouth aufgenommen. Diane Egby Edwards, die ebenfalls auf Fekorms Energie eingestimmt ist und Didgeridoo, Flöten und Gongs spielt, verwöhnte die Anwesenden während der Schlusszeremonie mit einem »Gong-Bad«. Wir waren fasziniert, als wir Fotos sahen, die früher an diesem Tag aufgenommen worden waren, und auf denen ein großer Orb sichtbar war, in dem Erzengel Michael direkt über meinem Kopf mit Kumeka verschmolz. Es war offensichtlich, dass sie sich durch mich mitteilten und mich beschützten.

Nachdem Diane ihr beeindruckendes Gong-Bad ausgeführt hatte, trennten sich Kumeka und Erzengel Michael wieder. Kumeka ging ins Publikum, um den Menschen dort zu helfen, während Erzengel Michael sich vor den Gong stellte, um dessen Energie vor der Bedürftigkeit einiger Zuschauer zu schützen. Auch Erzengel Zadkiels Energie kann um seinen Orb herum gesehen werden, während sie alle niederen Energien umwandelt.

Oben auf dem Gong sieht man Fekorm, der von Erzengel Michaels Blau beschützt wird. Ein Geist mit seinem Engel, die deutlich von Blau umhüllt sind, kann am unteren Rand des Gongs gesehen werden. Um die Instrumente herum sind noch andere Geister sichtbar, die ebenfalls eingetroffen sind, um die Schwingung zu empfangen.

Foto Nummer 16: Orbs helfen, die heilsame Schwingung der Klänge aufzunehmen, fotografiert von Pam Raworth

Mehrere andere Fotos, die zu dieser Zeit von verschiedenen Leuten aufgenommen wurden, zeigen massenhaft Schutzengel, die nach vorn kommen, um die Energie der Gongschwingung aufzunehmen und sie zu ihren Schützlingen zu bringen.

Wenn Sie sich Foto Nummer 16 anschauen, empfangen Sie Schutz und gewinnen ein Verständnis für die unglaubliche Kraft des Klangs.

Die meisten Menschen sind sich bewusst, wie sehr Musik ihre Gemütsverfassung verändern kann. Daran wurden wir erinnert, als wir ein Foto eines Klaviers erhielten. Der Pianist war offensichtlich gerade erst von seinem Stuhl aufgestanden und weggegangen. Ein Engel der Liebe bewegte sich sehr schnell vom Klavier zum Kameramann, um ihn in die Liebe einzuhüllen und ihm die Freude der Musik zu bringen. Das erinnerte uns daran, dass Musik uns dem Glück öffnen kann.

Wir hatten vorher nicht verstanden, dass die Engel im wahrsten Sinne des Wortes die Schwingung eines Klangs aufnehmen, um damit Menschen zu helfen und sie auf diese Weise zu heilen. Aber viele Orb-Fotos zeigen genau das. Wenn Sie also ein Instrument spielen oder eine CD mit inspirierender Musik hören, können Sie die Engel bitten, die Energie der Musik auch zu anderen Menschen zu bringen, um diese zu inspirieren, zu trösten, ins Gleichgewicht zu bringen und sie mit Glück zu erfüllen.

Von Pam Raworth erhielten wir eine ganze Reihe von Bildern, die sie auf einem Konzert aufgenommen hatte. Auf diesen kann man Geister sehen, die von ihren Schutzengeln begleitet werden, um dem Orchester zu helfen. Als wir die Fotos vergrößerten, konnten wir in den Orbs sogar ihre Gesichter erkennen.

Diese Geister waren alle sehr musikalische Leute, die selbst in Orchestern gespielt hatten und mittlerweile auf die andere Seite hinübergegangen sind. Sie waren gekommen, um den Musikern eine Extraportion Lebenskraft und Vitalität zu schenken. Diese Energie konnte man auf den Fotos deutlich spüren.

Gelegentlich haben wir die Geister von verstorbenen Musikliebhabern gesehen, die immer noch gern zu Konzerten kommen.

Sie empfangen weiterhin Heilung und Frieden, wenn sie den Klängen lauschen. Andere Orb-Fotos zeigen Engel, die verstorbene Angehörige bringen, damit diese ihren Kindern, Enkeln, Urenkeln und anderen Verwandten zuhören können, wenn diese ein Konzert geben. Die Orb-Fotos zeigen uns deutlich, wie sehr jene, die hinübergegangen sind, uns lieben und an unserem Leben teilnehmen.

Wenn Sie jemals zu einer Theateraufführung oder einem Konzert von Kindern gehen, können Sie sich absolut sicher sein, dass der Saal und besonders die Bühne voll von Geistern der Angehörigen und von Engeln jeglicher Art, Einhörnern und sogar Feen sein wird. Die geistige Welt liebt eben sowohl Kinder als auch Musik.

Kapitel 10

GEISTER

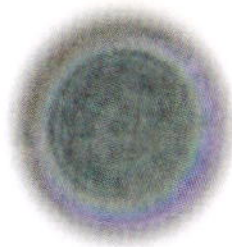

Wenn Sie im Schlaf Ihren physischen Körper verlassen, bewegen Sie sich in Ihrem Geistkörper fort. Dann tauchen Sie möglicherweise als ein Geister-Orb auf den Fotos anderer Menschen auf. Ich war fasziniert, als ich hörte, aus welchem Grund sich ein Geist, der auf einem Foto zu sehen war, das uns geschickt wurde, auf einer ganz besonderen Reise befand. Kumeka beschrieb mir den Charakter der Person, und ich fragte sofort, ob es sich dabei um einen Freund von mir handelte. Mein Führer bestätigte, dass es sich tatsächlich um diesen Freund handelte und dass er nachts eine besondere Lektion in Demut lernen sollte.

Die Geister Verstorbener leben in der geistigen Dimension. Dort entwickeln sie sich so lange weiter, bis sie sich für neue Erfahrungen auf einen anderen Planeten begeben oder für eine weitere Inkarnation auf die Erde zurückkehren. Wo auch immer sie sein mögen, sie besuchen immer noch gern ihre lebenden Angehörigen, und bei diesen Reisen werden sie immer von einem Engel begleitet. Es kommt sehr selten vor, dass sich die Person, die sie besuchen, sich ihrer Anwesenheit bewusst ist. Einige wenige Menschen sind aber medial veranlagt und können derartige Besucher sehen.

Gelegentlich kommt es vor, dass Geister ihre Gegenwart bekannt machen können, indem sie Lichter zum Flackern bringen, Türen öffnen oder den Fernseher oder das Radio an- oder ausschalten. Vielleicht haben Sie schon beobachtet, dass Ihr Haustier äußerlich zwar ganz ruhig zu sein scheint, gleichzeitig aber gespannt etwas im Zimmer beobachtet. Dabei mag es sich um den Geist eines Angehörigen oder um einen Engel oder beides handeln. Manchmal riechen Menschen plötzlich den Tabakgeruch, der für den verstorbenen Vater so typisch war, oder erhaschen einen Hauch des Parfüms, das ihre Großmutter immer trug. Dann und wann mag es vorkommen, dass man eine bestimmte Präsenz spürt und sich dadurch getröstet fühlt.

Auf den Hunderten Orb-Fotos, die wir gesichtet haben, haben wir auch Geister von Menschen gesehen, die hinübergegangen sind. Manche von ihnen kamen nicht von der Erde los und wir haben ihnen ins Licht geholfen. Die meisten wollten sich mit ihren Freunden und Familienangehörigen treffen, die noch auf der Erde sind, um ihnen zu helfen oder ihnen Liebe zu übermitteln. Einige Geister kommen, um bestimmte Orte aufzusuchen, an denen sie während ihres physischen Lebens glücklich waren. Andere reisen umher, um etwas zu lernen oder einfach, um die Erfahrungen zu genießen, die auf unserem erstaunlichen Planeten möglich sind.

Geister besuchen auch unsere Schulen und Hochschulen, um gemeinsam mit den körperlich anwesenden Schülern und Studenten zu lernen. Wenn sie sich für Medizin interessieren, suchen sie Krankenhäuser auf, wenn sie Künstler sind, versammeln sie sich in Kunstgalerien. Wir sahen ein Foto, auf dem Hunderte Geister an einen bestimmten Ort gebracht wurden, um dort die Erleuchtung zu erfahren. Sie wurden von Engeln, Erzengeln und Meistern begleitet, die sie unterweisen wollten.

Nichts, was wir auf Erden tun, ist jemals umsonst, denn wir lernen weiter, auch nachdem wir gestorben sind. Auch unser Streben nach Erleuchtung und Aufstieg geht weiter.

Wenn Menschen auf die andere Seite hinübergehen, wachen sie von dort aus über neue Familienmitglieder, um zu sehen, wie diese zurechtkommen. Sie kennen sie möglicherweise aus der geistigen Welt und da sie die Verbindung aufrechterhalten möchten, besuchen sie diese Angehörigen so oft sie können. Manchen Menschen fällt es schwer, Angehörige, die gestorben sind, gehen zu lassen. Ihr Kummer ist so groß, dass sie sich nicht mehr am Leben erfreuen können. Das macht das Leben nicht nur für sie selbst unerträglich, sondern ist auch für die Wesen auf der anderen Seite sehr traurig, weil diese sie beobachten und nicht ins Licht gehen können.

Foto Nummer 17 enthält verschiedene Botschaften. Unter anderem gibt es einem Menschen, dem es schwerfällt, sich nach dem Tod eines lieben Menschen zurechtzufinden, die Erlaubnis, wieder am Leben teilzuhaben.

Wenn Sie sich als Trauernder Foto Nummer 17 anschauen, erhalten Sie aus der geistigen Welt die Erlaubnis, Ihr Leben getröstet fortzuführen.

Foto Nummer 17: Orbs mit liebevollen Angehörigen, fotografiert von Anne-Marie Bentham

Wir waren begeistert, als wir dieses wunderschöne Foto (Nummer 17) von Anne-Marie Bentham erhielten, das ihr Baby mit seinem Großvater zeigt, und auf dem Sie zwei Orbs sehen können. Im größeren Orb bringt einer von Erzengel Gabriels Engeln zwei Angehörige, die das Baby besuchen. Der kleinere Orb ist einer von Erzengel Gabriels Engeln mit einem Angehörigen und einem Einhorn. Das soll uns wieder einmal daran erinnern, wie viel Einhorn-Energie sich um Babys und Kinder herum befindet.

Wenn Sie sich Foto Nummer 18 anschauen, empfangen Sie einen direkten Einhorn-Kontakt.

Foto Nummer 18: Ein Einhorn-Orb, fotografiert von Eunjung Choi

Die erste englische Ausgabe dieses Buches enthielt an dieser Stelle ein Foto, das bei einem meiner Vorträge im südafrikanischen Kapstadt aufgenommen worden war. Man konnte einen großen Orb meines Schutzengels hinter mir sehen und auf der anderen Seite einen großen Einhorn-Orb mit einer Lichtspur dahinter. Ein Geist, der von seinem Engel gebracht worden war, hatte die Gelegenheit ergriffen, sich an dieser Energie zu laben, während ein zweiter Geist gerade ankam, um dasselbe zu tun.

Wir mussten lachen, als wir das Foto zum ersten Mal sahen. Das Bild lud alle Leser ein, jede Gelegenheit des spirituellen Wachstums zu ergreifen. Aber diese Botschaft kam nicht klar genug durch, deshalb haben wir den herrlichen Einhorn-Orb auf Foto Nummer 18 ausgewählt. Das Foto wurde vor der Statue des Horus im Horus-Tempel im ägyptischen Edfu aufgenommen, nachdem die Frau die Kommunikation mit Horus gerade beendet hatte.

Der Orb ist ein Einhorn mit einem Liebesengel und Erzengel Michael. Wenn Sie sich näher damit beschäftigen, hilft es Ihnen, den Kontakt zu den Einhörnern herzustellen.

Wenn Sie sich Foto Nummer 19 anschauen, empfangen Sie Liebe und Heilung, in der Gewissheit, dass Ihre Lieben diese ebenfalls erhalten.

Foto Nummer 19: Erzengel Metatron mit verstorbenen Angehörigen der Fotografin, Mandy Whalley

Wenn Sie mit Liebe im Herzen zum Friedhof gehen und Blumen auf ein Grab legen, rufen Sie durch Ihre Liebe eine große Macht herbei. Das gibt Ihren verstorbenen Freunden und Angehörigen die Möglichkeit und die Energie, Sie zu erreichen. Dabei können alle Beteiligten Liebe austauschen.

Es ist kein Wunder, dass viele Menschen einen so tiefen inneren Frieden spüren, wenn sie still am Grab eines lieben Menschen sitzen und an ihn denken. Dadurch wird auf der geistigen Ebene viel bewirkt.

Eine ganze Reihe atemberaubender Orb-Fotos wurde uns von Mandy Whalley zugeschickt. Jedes ist völlig anders, aber alle sind erstaunlich. Für dieses Buch haben wir Foto Nummer 19 ausgesucht, auf dem man einen großen orangefarbenen Lichtball, dem ein Energieschweif folgt, vorbeifliegen sehen kann. Der Ball flog auf das Grab von Mandys Großmutter zu, an dem sie gerade Blumen niedergelegt hatte. Der orangefarbene Ball ist Erzengel Metatron, der mehrere Angehörige begleitet. Uns wurde mitgeteilt, dass einer von ihnen ihre Großmutter war.

Als Mandy mit Liebe im Herzen zum Grab ging, ermöglichte ihre Anwesenheit denen aus der geistigen Welt, denen sie lieb war, zu kommen, die Liebe aufzunehmen und auf Mandy zu übertragen. Der orangefarbene Orb bewegt sich so schnell, um die Verbindung herstellen zu können. Auf diesem Foto können Sie links von der Mitte auch den Geist des Baumes sehen.

Foto Nummer 20: Liebevolle Botschaften zweier Orbs, fotografiert von Cindy Bramhall

Wenn Sie sich Foto Nummer 20 anschauen, empfangen Sie Liebe, Schutz und Erleuchtung.

Foto Nummer 20 wurde uns von Cindy Bramhall zugesandt, die in Bahrain im Nahen Osten lebt. Es entstand, als ihre Familie aus Südafrika sie dort besuchte. Sie nahm das Foto während eines Grillabends mit ihrer Familie auf. Sie können darauf den wunderbaren Orb eines Liebesengels mit einem Einhorn und den Geist eines Angehörigen sehen, der dem Mann etwas ins Ohr flüstert.

Kapitel 11

ELEMENTARWESEN

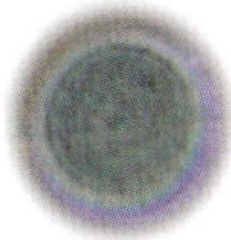

Als Elementarwesen bezeichnen wir die Luft-, Erd-, Wasser- und Feuergeister, die sich um die natürliche Welt kümmern. Es gibt Feen, Wichtel, Gnome, Kobolde, Elfen, Faune, Salamander, Undinen, Meerjungfrauen und so weiter. Man nennt sie Elementarwesen, weil sie ätherisch und daher für die meisten Menschen unsichtbar sind und nicht aus allen fünf Elementen bestehen. Die Elemente sind Erde, Luft, Feuer, Wasser und Äther. Wir haben auf den Orb-Fotos, die uns zugeschickt wurden, eine ganze Reihe von Elementarwesen gesehen.

Feen gehören dem Luftelement an und sind als sehr helle Lichter sichtbar, die sich um die Blumen kümmern. Sie sind reizende, reine, unschuldige und verspielte Geschöpfe. Ich habe schon viele Geschichten über Feen gehört, die einem die Schnürsenkel zubinden oder ein Gartengerät verstecken. Sie lieben es zu spielen und Schabernack mit den Menschen zu treiben, aber sie sind dabei niemals gemein.

Während der Arbeit an diesem Buch erfuhren Kathy und ich, dass Feen sehr viel verantwortungsbewusster und machtvoller sind, als wir uns bisher vorgestellt hatten. Wenn die Einhörner einen Ort mit ihrem unglaublichen Licht gereinigt haben, absorbieren die Feen dieses Licht und verweilen am Ort, um es aufrechtzuerhalten, wenn die Einhörner weitergezogen sind. Feen erscheinen uns wie kleine Leuchtpünktchen.

Sylphen sind winzige Luftgeister, die wie die Feen auch mit Blumen und anderen Pflanzen arbeiten. Sie lösen die Luftverschmutzung um die Pflanzen herum auf, damit diese gesund wachsen können. Sie lieben es über alles, mit dem Wind zu fliegen. Eine Frau erzählte uns, sie hätte im Urlaub einen belebenden Spaziergang unternommen. Als sie in ihr Zimmer zurückgekehrt war, hatte sie ein Foto aufgenommen, das sie uns zuschickte. Auf diesem Foto sind winzige Sylphen-Orbs zu sehen, die das Innere des Zimmers reinigen. Diese Orbs sind etwas größer als Feen-Orbs, leuchten aber nicht so hell. Sie können die Sylphen anrufen, um Ihre Aura zu klären und »Ihr Oberstübchen auszumisten« – soll heißen: den Kopf freizukriegen.

Esaks sind neu auf der Erde. Sie sind erst vor Kurzem hierhergebeten worden, um in dieser Zeit des Wandels bei der Reinigung des Planeten zu helfen. Sie stammen aus einem anderen Universum und sind entzückt, die Gelegenheit zu bekommen, neue Erfahrungen zu machen, zu lernen und zu dienen. Ihre Aufgabe besteht darin, negative Energien aufzusaugen, um einen Ort für die Aufnahme höherer Schwingungen vorzubereiten.

Wir haben auf den Fotos schon zahlreiche Esaks gesehen. Normalerweise, wenn auch nicht immer, erscheinen sie am unteren Rand des Bildes, in der Nähe der Erde. Weil sie so klein sind, sehen sie wie leicht verschmierte Lichtpünktchen aus, die etwas kleiner als die der Feen sind.

Wie die Esaks so sind auch die Kyhils erst kürzlich als Besucher aus einem anderen Universum auf unseren Planeten gekommen. Ihre Aufgabe besteht darin, negative Energien in den Gewässern der Welt zu klären. Gemeinsam luden die Erzengel Purlimiek und Butyalil die Esaks, Kyhils und andere Elementarwesen ein, diesen Planeten zu besuchen. Manche sind hier, um bei der Klärung und Reinigung zu helfen, andere um herauszufinden, wie das Leben auf der Erde funktioniert.

Elfen verweilen nie sehr lang an einem Ort. Sie greifen vor allem in Notfällen ein und helfen den Menschen, die Bodenqualität zu verbessern und Erosion zu verhindern. Ihre Orbs sind deutlich identifizierbar, sie sind klein und klar umrissen und haben oft eine blaue Färbung.

DIE ELEMENTARWESEN LIEBEN

Wenn Sie sich Foto Nummer 21 anschauen, empfangen Sie ein Gefühl der Empathie für die Elementarwesen.

Foto Nummer 21: Schutz für die Elfen und Feen in der Kiefer, fotografiert von Diana Cooper

Ich nahm Foto Nummer 21 in meinem Garten auf. Da immer Liebesengel und Feen zu sehen sind, wenn ich dort Aufnahmen mache, fand ich es schwer, mich auf einen bestimmten Orb zu konzentrieren. Ich entschied mich für dieses Foto, weil der Liebesengel einen blauen Schutz für die Elfen und Feen ausstrahlt, die sich in der Kiefer befinden. Hinter der Kiefer steht ein Haselstrauch, und die beiden Gewächse sind immer voller Leben. Eichhörnchen laufen die Zweige rauf und runter und Spechte, Waldbaumläufer, Ringeltauben, Meisen, Spatzen, Zaunkönige, Amseln und Drosseln lieben sie. Deshalb scheint es mir, als ob dieser Ort ein ganz besonderer ist.

Wenn Sie Ihren Garten lieben, sich liebevoll um ihn kümmern und Feen und Engel herbeirufen, können Sie ein kleines Wunderland erschaffen. Dann ist dort Magie.

Fotos Nummer 22 und 23: Diese Orbs öffnen Menschen für die Kräfte der Natur, fotografiert von Kathy Crosswell

SCHUTZ DURCH DIE NATUR

Wenn Sie sich die Fotos Nummer 22 und 23 anschauen, empfangen Sie Energie aus dem Reich der Natur.

Wenn Sie die Natur lieben, wird diese Sie beschützen. Uns wurden Fotos geschickt, die kurz nacheinander aufgenommen worden waren. Auf dem ersten ist ein Lastwagen von einem »Schneesturm« aus Orbs umgeben, die ihn während der Fahrt beschützen und in denen sich Engel, Erzengel und viele verschiedene Elementarwesen befinden. Auf dem nächsten Foto ist der Lastwagen sicher am Bestimmungsort angekommen und der größte Teil der geistigen Begleiter ist verschwunden. Aber ein großer Beschützer-Engel blieb auf einem Reifen zurück. Kumeka teilte uns mit, dass der Lastwagen ein kleines Loch im Reifen hatte, und dass der Wagen und der Fahrer aus diesem Grund von der geistigen Welt eskortiert worden waren.

Kathy und ich wollten einige der Orbs aus der ersten englischen Ausgabe dieses Buches durch neue ersetzen, und wieder einmal gab es sehr enge Abgabetermine. Wir brauchten neue Fotos von Kumeka, den Erzengeln Gersisa und Butyalil und einem Seraphim. Kumeka ließ uns wissen, er würde an einem nahe gelegenen Portal erscheinen, also gingen wir gehorsam zu diesem einsamen Ort und machten dort ein paar Stunden lang Aufnahmen.

Es war dort sehr schön, als die Sonne unterging, aber es waren keine nennenswerten Orbs zu sehen. Schließlich hatte ich genug und ging. Ich war ziemlich sauer auf Kumeka. Auch Kathy war alles andere als zufrieden. Sie saß im Auto und fluchte leise auf die geistige Welt, was sie nur sehr selten tut. Dann streckte sie den Arm aus dem Autofenster und machte ein paar Aufnahmen aufs Geratewohl, ohne überhaupt genauer hinzuschauen.

Erst als sie zu Hause angekommen war, schaute sie sich die Bilder an. Sie hatte tatsächlich mehrere Aufnahmen, auf denen nicht nur Kumeka, sondern auch die Erzengel Gersisa und Butyalil zu sehen waren. Aber damit nicht genug! Sie hatte auch einen wunderbaren Seraphim namens Seraphisa aufgenommen. Wir erfuhren später, dass es ihr kleiner Wutanfall gewesen war, aufgrund dessen sie sich endlich entspannt hatte. Erst dies machte es den Orbs möglich zu erscheinen.

Als wir gerade damit begonnen hatten, Orb-Fotos zu machen, gelang es mir mehrere Male, ihren Führer Wywyvsil aufzunehmen. Damals hatte sie genau die gleichen Gefühle wie ich in diesem Moment, als sie Kumeka aufgenommen hatte. So sind wir Menschen nun einmal. Wir fragten, warum es uns nicht gelingen wollte, unsere jeweils eigenen Führer aufzunehmen. Die Antwort lautete, dass wir emotional zu stark involviert waren.

Mitten in der Wildnis wurde Foto Nummer 22 aufgenommen, auf dem ein Orb mit Erzengel Gabriel, einem Einhorn und mehreren Geistern zu sehen ist. Wenn Sie es sich anschauen, empfangen Sie Energie von der Natur und bekommen ein Gefühl dafür, sicher in der Natur aufgehoben zu sein.

Durch Foto Nummer 23 nehmen die Erzengel Gersisa und Butyalil sowie drei aufgestiegene Meister, nämlich Kuanyin,

Thoth und Lone Wolf (Einsamer Wolf) Kontakt zu Ihnen auf. Erzengel Gersisa öffnet Sie für die weibliche Energie von Mutter Erde, während Erzengel Butyalil die kosmischen Verbindungen dieses Planeten offenbart. Kuanyin hilft Ihnen, Ihr Herz der Natur zu öffnen. Thoth mit seiner starken maskulinen Lebenskraft bringt die Macht und die Stärke der Natur zu Ihnen, damit Sie die Fähigkeit der Natur erkennen, für Sie zu sorgen.

Einsamer Wolf, der aufgestiegene Meister und Geistführer, zeigt Ihnen, wie wichtig Ihre Verbindung zur natürlichen Welt ist. Als wir darüber sprachen, nahm ein Geistführer namens Dancing with Wolves (»Der mit dem Wolf tanzt«) Kontakt zu Kathy auf. Er sagte, er sei ein amerikanischer Ureinwohner, der mit Einsamer Wolf verbunden gewesen war und während seines Lebens sehr eng mit den Engeln zusammengearbeitet hatte, um zum Beispiel für den Stamm den richtigen Platz zum Lagern oder Schwimmen zu finden. Die Verbindung seines Stammes zu den Engeln war so stark, dass die großen Wesen ihnen Sicherheit und Schutz gewährten. Sie halfen ihnen auch, mit der Natur verbunden zu bleiben, und ihre weisen Vorfahren durch sie sprechen zu lassen.

Wenn Sie diese Fotos anschauen, werden Sie daran erinnert, wie viel Energie und Schutz Ihnen aus dem Reich der Natur zur Verfügung steht.

Wenn Sie sich Foto Nummer 24 anschauen, spüren Sie Ihre Einheit mit der Natur und dem Reich der Elementarwesen.

Einige Menschen sind in der Lage, mit der Natur regelrecht zu verschmelzen. Sie fühlen sich inmitten der Bäume und Elementarwesen am wohlsten. Die Einheit mit der Natur zu erfahren, war eine großartige Fähigkeit, welche die Menschen des goldenen Atlantis im höchsten Maß schätzten, da sie es ihnen ermöglichte, ihre fünfdimensionale Schwingung und die Verbindung zur Quelle aufrechtzuerhalten. Es ist nun an der Zeit, dieses Wissen zurückzubringen.

Foto Nummer 24: Nahaufnahme eines Orbs mit den Eigenschaften der Natur, fotografiert von Helen Eggington

Foto Nummer 24 ist eine Nahaufnahme eines im Garten aufgenommenen Orbs. Er beinhaltet die Eigenschaften der Natur. Wenn Sie den Orb anschauen, wird Ihnen das helfen, die Einheit mit der Natur zu spüren. Im Orb befindet sich ein Engel der Liebe gemeinsam mit den Erzengeln Metatron und Michael. Die Botschaft dieses Fotos lautet: Die Natur liebt Sie.

Kapitel 12

FÜHRER UND MEISTER

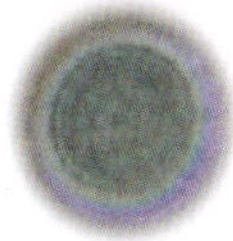

Wir leben in einem Zeitalter, in dem wir uns auf die Erleuchtung und den Aufstieg vorbereiten und zwar sowohl auf individueller wie auch auf planetarischer Ebene. Denjenigen Menschen, die sich jetzt inkarniert haben, wird die größte Chance des spirituellen Wachstums gegeben, die es jemals gegeben hat. Wenn Sie die Hilfe annehmen, die Ihnen aus dem Reich der Engel und von den Meistern des Lichts angeboten wird, wird Ihre Seele gewaltige Fortschritte machen.

WAS IST ERLEUCHTUNG?

Erleuchtung ist ein Seinszustand, in dem sich das Bewusstsein so weit ausgedehnt hat, dass es zu höheren Erkenntnissen fähig ist. Erleuchtung kann stufenweise stattfinden, es ist aber auch möglich, dass Sie plötzliche Einsichten zu einem Thema haben, was es Ihnen ermöglicht, höhere Konzepte zu begreifen. Tatsächlich ermöglicht Ihnen die Erleuchtung, mehr Licht in sich zu haben, sodass Sie die niederen Beschränkungen überwinden, die Körperfunktionen kontrollieren und Macht über Ihr Leben gewinnen können. Schauen Sie sich diese Orbs an und öffnen Sie sich für ihre Botschaften und die Energien, die sie übermitteln. Dies ist eine ausgezeichnete Möglichkeit voranzukommen.

WAS BEDEUTET AUFSTIEG?

Aufstieg ist ein aktiver Zustand, in dem Sie etwas tun. Dazu gehört, dass Sie mehr Licht aus Ihrer Seele und Monade in Ihren physischen Körper ziehen. Dadurch wird Ihr Bewusstseinsniveau erhöht und Ihre spirituelle Bewusstheit vergrößert. Auch körperliche Veränderungen können dadurch geschehen.

GEISTFÜHRER

Jeder Mensch hat mindestens einen Geistführer, der sich von seiner Energie angezogen fühlt und ihm helfen will. Die meisten Menschen haben gleich mehrere. Je mehr Licht Sie ausstrahlen, desto höher ist die Frequenz der Geistführer, die Ihnen helfen wollen. Wenn Sie sich weiterentwickeln, ziehen Sie höhere Führer an. Sie haben wahrscheinlich einen Führer, der Ihnen bei Ihren Finanzen hilft, einen, der eine Nonne ist, einen dritten, der sehr weise ist, einen vierten, der ein Künstler ist, und so weiter. Manche Führer bleiben über einen längeren Zeitraum bei Ihnen. Andere sind Spezialisten, die Ihnen nur bei einem bestimmten Projekt helfen.

Die meisten Geistführer haben Weisheit erlangt, während sie sich auf der Erde verkörpert haben. Nachdem sie auf die andere Seite hinübergegangen sind, wurden sie darin ausgebildet, Menschen zu führen. Dies gilt als hoch spezialisierte Arbeit, und ältere Führer haben eine umfassende Ausbildung auf den inneren Welten absolviert.

KUMEKA

Mein wichtigster Führer Kumeka stammt aus einem anderen Universum und hat sich nie auf der Erde inkarniert. Das bedeutet, dass er die Einschränkungen, die es mit sich bringt, einen physischen Körper zu haben, nicht versteht, und dass er sehr hohe Erwartungen hat, was ein Mensch erreichen kann. Er ist ein Chohan oder Meister des achten Strahls. Kumeka war nicht immer bei mir, erst vor etwa zehn Jahren hat er den vollen Kontakt hergestellt.

Er verschwand und beobachtete mich aus der Ferne, als ich *Angel Answers*[5] und *The Wonder of Unicorns*[6] schrieb. Als ich mit diesen beiden Projekten fertig war, kehrte er zurück, um mir bei diesem Buch zu helfen. Zum Glück habe ich noch mehrere andere Führer und Engel, Erzengel und Einhörner, die mir alle helfen.

Kumeka, der Herr des Lichts, ist ein mächtiger aufgestiegener Meister, der in einem anderen Universum alle Lektionen gemeistert hat. Als er erstmals in den Einflussbereich der Erde kam, benutzte er nur mich und Shaaron Hutton als Medien. Heute kann er aber zehn Millionen Menschen gleichzeitig berühren. Auf manchen Orb-Fotos haben wir Hunderte Aspekte von ihm und seinen Engeln gesehen.

Auf solchen Fotos wandelt Kumeka negative Energien an Orten um, die durch menschliche Gedanken und Gefühle verschmutzt worden sind, und hilft, den Lichtpegel dieser Orte anzuheben. Er beschützt die Menschen, mit denen er arbeitet, wandelt ihre niederen Energien um und berührt sie mit erhellenden Erkenntnissen.

Kumeka ist ein Meister des achten Strahls von der Farbe des blauen Topas, der dabei hilft, auf unserem Planeten eine tief gehende Transmutation zu bewirken. Dadurch wird es möglich, dass sich überall gewaltige Veränderungen ereignen. Er arbeitet

5 Deutsch: *Die Engel antworten. Himmlische Hilfe für die wichtigsten Lebensfragen.* Ansata Verlag, München 2007

6 Deutsch: *Das Wunder des Einhorns. Begegnung mit den erleuchteten Wesen der siebten Dimension.* Ansata Verlag, München 2008

eng mit den Einhörnern zusammen, die Menschen und Situationen viel Licht bringen. Gemeinsam erweitern und erleuchten sie das Bewusstsein der Menschen.

Kumekas Orbs sind blau und haben eine klar definierte Form, weil sie an einer Seite eine Ausbuchtung haben. Das liegt daran, dass er aktiv nach außen drückt und seine starke Kraft nach außen lenkt. Das wiederum erlaubt es den Menschen, mehr von seiner Energie anzuziehen. Dort, wo sich negative oder dunkle Energie befindet, können Menschen sein Licht anziehen, ohne ihn vorher zu fragen. Im Gegensatz dazu sind die meisten Engel-Orbs statisch, sie beobachten nur und bewahren das Licht. Wenn sie aktiv werden, verändern aber auch sie ihre Form.

Kumeka arbeitet sehr eng mit allen Erzengeln und anderen hohen Wesen zusammen. Oft sieht man, wie sein Orb mit den ihren verschmilzt. Indem sie ihre Energien miteinander kombinieren, können sie eine größere Kraft für Veränderungen ausstrahlen.

WYWYVSIL

Kathys wichtigster Führer ist Wywyvsil. Er hat bereits in 101 vergangenen Leben mit ihr auf verschiedenen Planeten und in verschiedenen Universen gearbeitet. Auch mit mir war er schon häufig gemeinsam aktiv. Kumeka und er sind sehr eng miteinander verbunden, und wie Kumeka, so stammt auch Wywyvsil aus einem anderen Universum und ist auf die Erde gekommen, um der Menschheit zu helfen. Er gehört zur Hierarchie der Engel und ist eine der Mächte.

Die Mächte sind ein Rang der Engel über den Fürstentümern und den Erzengeln. Auf dieser Ebene befinden sich auch die Herren des Karma und die Engel von Geburt und Tod. Wywyvsil ist ein Herr des Karma, in dessen Obhut sich viele der Schulen auf den inneren Welten befinden, und ein Engel der Geburt, der jene beaufsichtigt, denen erlaubt wurde, sich zu inkarnieren. Er arbeitet auch mit der Quelle und den Seraphim zusammen, um bei der Schöpfung mitzuwirken. Er ist ein sehr mächtiges Wesen.

In den Zeiten des goldenen Atlantis gaben die Hohepriester und Hohepriesterinnen und viele der hoch entwickelten Wesen, die daran beteiligt waren, dieses großartige Experiment durchzuführen, einen Teil ihrer Energie in ein großes Energiereservoir ab, damit die Menschen daraus für ihre physischen und spirituellen Bedürfnisse schöpfen konnten. Dieses Reservoir enthält die ursprüngliche reine Reiki-Energie. Wywyvsil nutzt noch heute dieses große Energiereservoir, um Heilung, Transformation und Erleuchtung direkt zur Erde zu schicken, damit wie zu Zeiten des goldenen Atlantis alle Menschen daran teilhaben können.

Die Orbs der Engelhierarchie sind Schlüssel, um dieses Energiereservoir anzuzapfen.

Wywyvsil half Serapis Bey und den Seraphim dabei, nach dem Untergang von Atlantis den Bau der Pyramiden zu beaufsichtigen, und ist stark daran beteiligt, durch die ägyptische Verbindung Heilung zu bringen. Die Wesen auf dem Sirius, auf den Plejaden und auf dem Orion schicken Heilung und Erleuchtung durch die Antennen der Großen Pyramide auf die Erde. Deren Achse hat sich aber leicht verschoben, sodass das Signal nicht so klar ist, wie es einmal war. Daher arbeitet Wywyvsil unermüdlich daran, der Erde zu helfen, ihren rechtmäßigen Platz im Universum einzunehmen.

Wywyvsil ist stark daran beteiligt, durch die ägyptische Verbindung zu heilen, und beaufsichtigt auch weiterhin die Schulen der Heilung und Erleuchtung auf der Erde, die damit verbunden sind.

Kumeka und er arbeiten mit der Diana Cooper School zusammen, um den Gedanken der Transformation, das Verständnis der Engelhierarchie und die Weisheit des goldenen Atlantis und des Aufstiegs zu verbreiten.

WIE GEISTFÜHRER HELFEN

Während die Engel Ihren Lebensplan bewahren und in Notsituationen Ihr Leben retten, helfen Führer Ihnen bei Ihren Projekten. Sie helfen Ihnen, die richtigen Menschen kennenzulernen und öffnen Ihnen Türen. Sie geben Ihnen spezifische Informationen, wenn Sie diese benötigen, und arbeiten sehr eng mit Ihrem Schutzengel zusammen.

GEISTHELFER

Geisthelfer sind vorwiegend, aber nicht immer die Geister von Angehörigen, die Ihnen von der anderen Seite aus helfen wollen, die aber nicht als Führer qualifiziert sind.

Wenn Sie sich Foto Nummer 25 anschauen, spüren Sie ein Gefühl des Willkommenseins und der Zugehörigkeit auf dem spirituellen Weg zur Erleuchtung.

Wie wir durch das Betrachten der Orb-Fotos herausfanden, kann ein Führer mit einem Engel oder Erzengel verschmelzen, wenn es erforderlich ist, eine besonders eindrückliche Botschaft zu übermitteln.

Foto Nummer 25 wurde von Pam Raworth am Engeltag 2007 in Bournemouth aufgenommen, als ich gerade sprach. Sie können sehen, dass sich über meinem Kopf ein herrlich

Foto Nummer 25: Orbs beim Engeltag 2007, fotografiert von Pam Raworth

anzusehender Orb meines Geistführers Kumeka befindet, der mit Erzengel Michael verschmolzen ist, der mein Erzengel ist. An dem hellen blauen Rand des Orbs kann man erkennen, dass die beiden zusammenarbeiten.

Einige der anderen Orbs sind Engel, die die Energie im Saal aufnehmen und zur Seele eines Menschen bringen, dem die Seminarteilnehmer Heilung geschickt hatten. Außerdem sind Engel der Heilung für die Teilnehmer anwesend. Zudem sind noch Engel der Liebe, der Kommunikation, der Freude, der Transformation, der Erleuchtung, des Schutzes, der Hoffnung und der Läuterung auf diesem Foto zu sehen.

Sie können heilende Energie aufnehmen, wenn Sie die Orbs der Heilung anschauen. Das Bild enthält die Botschaft, dass unsere Führer und Engel stolz darauf sind, mit uns zu arbeiten. Sie helfen uns auf unserem Weg, und wir werden daran erinnert, dass uns Hilfe gewährt werden wird, wenn wir darum bitten.

Wenn Sie sich den Orb auf Foto Nummer 26 anschauen, empfangen Sie automatisch ein Gefühl der Ermutigung für Ihren spirituellen Weg.

Das nächste Foto (Nummer 26) ist eine Nahaufnahme des Orbs über meinem Kopf – mein Führer Kumeka in Verschmelzung mit Erzengel Michael. Beide schicken Heilung durch Bewusstseinserweiterung. Gleichzeitig geben sie Antworten auf Fragen, nicht nur durch mich als Vortragende, sondern auch direkt in das Bewusstsein der Menschen im Publikum. Dies ist ein sehr wichtiger Orb, denn Sie können auch in Zukunft Antworten empfangen, indem Sie dieses Foto anschauen. Außerdem stimmen Sie sich so auf Erzengel Michael ein und erhalten seinen Schutz. Das Foto soll Sie daran erinnern, dass sich die Antworten auf Ihre Fragen bereits in Ihrem Bewusstsein befinden und dass Sie ganz sicher Zugang zu ihnen finden werden, wenn Sie sich diesen Orb anschauen.

Es gab einmal eine Zeit, da war ich immer erschöpft, wenn ich zu Hunderten von Leuten gesprochen hatte. Der Grund dafür war, dass diese die Antworten auf ihre Fragen direkt aus meinem Verstand herausgesogen hatten. Sie zogen dabei auch meine Energie aus meinem dritten Auge heraus. Die Arbeit mit Kumeka und Erzengel Michael änderte dies, denn nun können die Menschen alles Wissen direkt von diesen hohen Wesen empfangen. Dieses Foto zeigt Ihnen, wie leicht es ist, sich auf einen Orb einzustimmen.

Foto Nummer 26: Engeltag 2007 – Nahaufnahme des Orbs über Diana Cooper, fotografiert von Pam Raworth

Foto Nummer 27:
Kumeka, fotografiert
von Kathy Crosswell

Wenn Sie sich Foto Nummer 27 anschauen, empfangen Sie ein Wissen der erleuchtenden Kraft des Moments und die Versicherung, dass Sie sich auf Ihrem Weg befinden.

Weil Kumeka eine so eindeutige Form hat und auf so vielen Orb-Fotos zu sehen ist, möchten wir Ihnen seine typische Erscheinungsform zeigen. Auf Foto Nummer 27 können Sie seine Farbe und die Essenz seines Wesens erkennen. Er ist der aktivste aller Erleuchteten und strahlt überall dort Energie aus, wo diese gebraucht wird.

Wenn Sie sich auf diesen Orb einstimmen, empfangen Sie Licht, das Ihr Bewusstsein erweitert und Sie einem höheren Verständnis öffnet. Der Orb hilft Ihnen auch, eine tief greifende Umwandlung aller wichtigen Themen in Ihrem Leben zu bewirken. Kumeka arbeitet mit Ihnen nur auf den Ebenen, mit denen Sie bereits umgehen können. Er heilt Sie, indem er Sie im Licht hält.

Kapitel 13

ERZENGEL MICHAEL

Erzengel Michael ist der Beschützer. Er trägt das Schwert der Wahrheit in der rechten Hand, den Schild des Schutzes in der Linken, und er ist mit einem dunkelblauen Schutzmantel bekleidet. Er wird immer auf einen Hilferuf reagieren und einen seiner Engel schicken. Sie müssen allerdings Ihren Teil dazu beitragen, indem Sie ihn um Hilfe bitten und daran glauben, dass Ihnen diese auch gewährt werden wird.

ERZENGEL MICHAELS SCHUTZMANTEL

Sie können Erzengel Michael bitten, Sie in seinen dunkelblauen Schutzmantel zu hüllen, wenn Sie glauben, Ihre Energien schützen zu müssen. Das ist angebracht, wenn Sie meditieren, beten oder irgendeine Art spiritueller oder medialer Arbeit tun.

Ihre Aura ist Ihr Schutzschild, und da sie sich durch diese Aktivitäten öffnet, können oft niedere Energien oder Wesen eindringen. So kann zum Beispiel eine Wolke klebriger Eifersucht oder unterdrückter Wut von jemandem hinterlassen worden sein, und wenn Sie ungeschützt sind, kann diese in Ihre Aura eindringen – woraufhin Sie dann selbst eifersüchtig oder wütend werden.

Wenn Sie psychisch besonders empfindsam sind, ist es nur vernünftig, Erzengel Michaels blauen Schutzmantel umzulegen, bevor Sie das Haus verlassen. Viele Menschen haben es sich zur Angewohnheit gemacht sich vorzustellen, dass sie von

Erzengel Michaels Blau umgeben sind, wenn sie morgens aufstehen oder abends ins Bett gehen. Dann wissen sie, dass ihre Aura sicher ist. Denken Sie daran, darum zu bitten, und visualisieren Sie dies für sich und auch für Ihre Kinder.

WIE MAN UM SCHUTZ DURCH ERZENGEL MICHAELS BLAUEN MANTEL BITTET

Denken Sie die folgenden Worte oder sprechen Sie sie laut aus: »Ich bitte Erzengel Michael nun, seinen dunkelblauen Schutzmantel um mich zu legen.« Dann – und dies ist besonders wichtig – visualisieren Sie, dass die Engel Ihnen den Mantel umlegen. Stellen Sie sich vor, wie er von den Füßen bis unter das Kinn zugezogen wird. Stellen Sie sich dann vor, wie die Kapuze über Ihren Kopf gezogen wird, sodass sie auch die Stirn mit dem dritten Auge bedeckt. Das gewährleistet, dass alle Chakras geschützt sind. Dieses Gebet funktioniert aber nicht, wenn man es einfach nur mechanisch herunterleiert. Sie müssen sich genau vorstellen, wie die Engel Ihnen den Mantel umlegen, damit der Schutzmechanismus aktiviert wird.

WORUM SIE ERZENGEL MICHAEL BITTEN KÖNNEN

Erzengel Michael wird immer auf Hilferufe reagieren. Es ist gut, sich auf Reisen anzugewöhnen, Erzengel Michael zu bitten, bei Ihnen zu sein, und ihm dann zu danken, wenn Sie sicher am Bestimmungsort angekommen sind. Sie können ihn bitten, auf Ihr Haus aufzupassen, wenn Sie verreisen, ihn aber auch bitten, Tag und Nacht darauf aufzupassen. Sie können ihn bitten, Ihre Familie zu beschützen und für ihre Sicherheit zu sorgen. Wenn Sie sich verletzlich fühlen, rufen Sie Erzengel

Michael an. Er wird einen seiner Engel oder einen Beschützer-Engel zu Ihnen schicken.

Ich kannte ein junges Mädchen, das von einem Mann im Dunkeln überfallen wurde. Er legte seine Hand auf ihren Mund und schleppte sie weg. Zum Glück war sie auf Erzengel Michael eingestimmt und sandte augenblicklich einen stillen Hilferuf aus. Plötzlich und völlig unerwartet ließ der Mann sie fallen und rannte davon. Sie blieb zwar verstört, aber völlig unverletzt zurück – und von großer Dankbarkeit gegenüber Erzengel Michael erfüllt.

SCHUTZ AUF REISEN

An einem Januartag verließ ich kurz nach Mitternacht das Haus eines Freundes. Es war sehr kalt, und der Regen hatte sich in Eis verwandelt. Ich saß ein paar Augenblicke lang im Auto, bevor ich den Motor anließ. Dabei bat ich Erzengel Michael inbrünstig darum, mich und das Auto auf unserem Nachhauseweg zu beschützen.

Im selben Moment sah ich sein herrliches blaues Licht vor mir auf der Straße leuchten. Es war einige Minuten lang sichtbar, während ich durch die Dunkelheit fuhr, dann verblasste es. Aber ich wusste ohne jeden Zweifel, dass Erzengel Michael mich beschützte.

Wann immer ich einen jungen Menschen auf einem Motorrad sehe, bitte ich sofort Erzengel Michael, ihm seine Engel zu schicken. Und dann stelle ich mir vor, wie diese den Jugendlichen umhüllen.

Wir erhielten dieses grandiose Foto (Nummer 28), das den zweiundzwanzigjährigen Jason mit seiner Tante Susan auf seinem Motorrad zeigt. Seine Mutter macht sich immer Sorgen, dass ihm etwas passieren könnte. Jemand muss für ihn gebetet haben, denn das Foto zeigt deutlich, wie sehr er beschützt wird.

Foto Nummer 28: Orb-Schutz für Motorradfahrer, fotografiert von Patricia Haasbroek

Wenn Sie sich Foto Nummer 28 anschauen, empfangen Sie den Schutz von Erzengel Michael.

Auf diesem Foto sehen wir, wie massiv der Schutz ist: Ein großer Orb von Erzengel Michael befindet sich vor dem Motorrad und ein kleinerer dahinter, dazu kommen noch viele kleine Orbs von Erzengel Michaels Engeln. Über der Frau befindet sich ihr Schutzengel, der noch schnell gekommen ist, um bei ihr zu sein. Am unteren Rand des Fotos sieht man außerdem Geister, die von der Energie des Motorrads angezogen wurden.

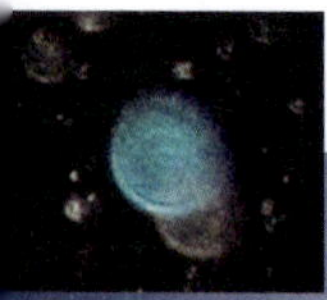

Foto Nummer 29: Erzengel Michael, fotografiert von Kari Palmgren

Wenn Sie sich Foto Nummer 29 anschauen, empfangen Sie ein Bewusstsein für höhere Mächte und Schutz.

Foto Nummer 29 ist absolut unglaublich. Als ich es zum ersten Mal sah, brummte mein drittes Auge noch Stunden danach. Das ist Erzengel Michael in seiner ganzen Herrlichkeit. Das Blau ist strahlend, das Licht ist erstaunlich.

Kapitel 14

ERZENGEL GABRIEL

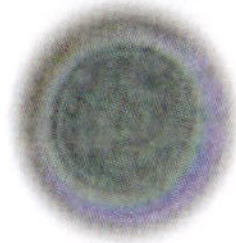

Erzengel Gabriel erscheint immer als schneeweiße Lichtsäule, und diese Erscheinung wird dann in einen strahlendweißen Orb umgesetzt. Seine andere Hälfte ist Hoffnung. Wo immer Sie einen Orb von Erzengel Gabriel sehen, empfangen Sie unterschwellig auch Hoffnung. Erzengel Gabriels Eigenschaften sind Freude, Klarheit und Reinheit und seine materialisierte Energie auf Erden, der Diamant, symbolisiert eine Ewigkeit wahrer Liebe. Da er uns hilft, Veränderungen gut zu überstehen, sind er und seine Engel in dieser Zeit der Transformation überall.

Erzengel Gabriel läutert Menschen und reinigt das Land. Es hat uns erstaunt, wie viele seiner Engel wir auf den Fotos gesehen haben. Selbstverständlich arbeitet er eng mit Kumeka zusammen, der die niederen Energien von Menschen und Orten umwandelt. Dann kann Erzengel Gabriel das Licht reinigen und auf ein höheres Niveau heben. Kumeka und er bringen den Menschen die Erleuchtung.

Wenn Ihr Herz-Chakra in einem fünfdimensionalen Frequenzbereich schwingt, wird es schneeweiß und enthält das Christus-Licht. Dann schwingt es im Einklang mit Erzengel Gabriel und Erzengel Chamuel.

DIES IST ERZENGEL GABRIEL

Wenn Sie sich den Orb auf Foto Nummer 30 anschauen, erfahren Sie eine neue Stufe der Erleuchtung.

Nehmen Sie sich Zeit, um den hellen Orb Erzengel Gabriels auf Foto Nummer 30 genau anzuschauen. Dann werden Sie manche der Eigenschaften wie Reinheit, Klarheit, Freude und Heilung, die er ausstrahlt, aufnehmen können. Ich nahm dieses Foto von meinem Schlafzimmerfenster in der wunderbaren spirituell-ökologischen Findhorn-Gemeinschaft im Norden Schottlands auf.

Alle anderen Fotos, die ich an jenem Abend von Erzengel Gabriels Engeln aufnahm, besitzen göttlich weibliche Eigenschaften. Dieser außergewöhnliche Orb des Erzengels selbst wird Ihre mentale und emotionale Energie läutern und Ihnen helfen, sich der Weisheit des göttlich Weiblichen zu öffnen.

Im Orb transportiert Erzengel Gabriel einen Geist, der etwas über Erleuchtung erfahren soll, und Erzengel Michael beschützt ihn. Die Botschaft der Erzengel lautet, dass es nun an der Zeit ist, sich der Erleuchtung zu öffnen.

Foto Nummer 30:
Erzengel Gabriel, fotografiert von Diana Cooper

Sitzen Sie still da und nehmen Sie das Licht auf, das dieser Orb ausstrahlt.

Gegenwärtig hilft Erzengel Gabriel sowohl ganzen Gruppen als auch einzelnen Individuen. Wir erhielten das entzückende Foto eines jungen Mannes, der einen Orb Erzengel Gabriels auf seinem Arm hatte. Auf diesem Foto waren auch Feen zu sehen, die im Energiefeld des jungen Mannes spielten und dabei das

Licht des Erzengels aufnahmen. Die Lichtwesen waren gekommen, um dem Jungen zu helfen, einen Übergang in seinem Leben mit Freude zu meistern. Dieser Orb ist für junge Menschen, die in die Pubertät kommen oder an der Schwelle zum Erwachsenenalter stehen, sehr hilfreich.

Oft sieht man die Erzengel Gabriel und Michael miteinander verschmelzen. Auf einem Foto, das eine Gruppe Jugendlicher zeigte, die fröhlich tanzten, sah man einen riesigen blauweißen Orb über einem jungen Mädchen, der die Geister von Angehörigen zu ihr gebracht hatte, damit diese zuschauen konnten. Durch das Foto kamen wir zu dem Verständnis, wie viel die Engel und Erzengel tun, um uns Freude und Gemeinschaftssinn zu vermitteln.

Die Angehörigen des jungen Mädchens, die in der geistigen Welt leben, profitieren von dem Wissen, dass es ihrer Verwandten gut geht. Die Menschen, die sich noch in einem physischen Körper befinden, spüren zumindest unbewusst ihre Liebe und Nähe.

LÄUTERUNG

Die höheren geistigen Wesen arbeiten zum höchsten Wohle aller zusammen. Sie kooperieren ständig. Manchmal verschmelzen sie ihre Energien, um eine größere Kraft zu erzeugen, wie man auf Foto Nummer 31 erkennen kann, das ein vergrößerter Ausschnitt aus dem Foto eines wunderbaren türkisgrünen Orbs ist. Es wurde unter dem Couchtisch von Liz Houses Bruder aufgenommen. Sie sagt, dass auf dem ganzen Bild noch weitere Orbs zu sehen waren. Diese reinigten den Raum und läuterten die Anwesenden. Es wird auch Sie läutern, denn alles in der geistigen Welt ist genau geplant. Keines dieser Fotos wurde zufällig aufgenommen.

Foto Nummer 31: Die Erzengel Gabriel und Raphael, fotografiert von Liz House

Wenn Sie sich Foto Nummer 31 anschauen, empfangen Sie automatisch Läuterung und Heilung.

In diesem Orb auf Foto Nummer 31 sind die Erzengel Gabriel und Raphael miteinander verschmolzen, um den Menschen Läuterung und Heilung zu bringen.

Viele Menschen suchen nach ihrer Bestimmung. Manche stolpern ziemlich ahnungslos umher und ahnen irgendwie, dass es einen Grund geben muss, warum sie hier auf Erden sind. Andere suchen aktiv nach einem Sinn. Viele von ihnen versuchen mithilfe von astrologischen oder spirituellen Deutungen Hinweise darauf zu finden, was sie hier tun sollen.

Aber es gibt noch eine andere Möglichkeit: Sie können sich jeden Tag still hinsetzen und Erzengel Gabriel bitten, Ihnen Klarheit hinsichtlich Ihrer Bestimmung oder Antworten auf jede andere Frage zu bringen, die Sie beschäftigt. Wenn Sie bereit sind, wird er Ihnen die Antworten geben.

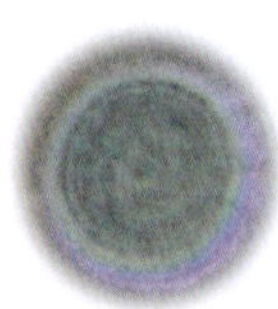

Kapitel 15

ERZENGEL URIEL

Erzengel Uriel unterstehen die Friedensengel. Er bemüht sich, Frieden auf die Erde zu bringen, indem er Konflikte beruhigt und Brüderlichkeit und Schwesterlichkeit propagiert. In seiner Obhut befindet sich das Solarplexus-Chakra, das er zu entwickeln sucht. Dieses Chakra reguliert Ihr Selbstwertgefühl und Ihr Selbstvertrauen.

Die Menschen wälzen ihre Probleme endlos im Kopf umher. Aber der Verstand ist eng mit dem Solarplexus verbunden, wo auch Ängste gespeichert werden. Der Solarplexus reagiert auf jedes Angstgefühl. Auf der dreidimensionalen Ebene ist dieses Zentrum gelb. Es ist kein Zufall, dass Bibliothekräume traditionell gelb gestrichen werden, um den Verstand zu beruhigen, damit die Leser sich besser konzentrieren und lernen können. Gelb bringt die Gedanken zur Ruhe.

Wenn Sie einen sorgenvollen oder ängstlichen Gedanken haben, verkrampft sich der Solarplexus, was sich nicht nur auf die Verdauung, sondern auch auf Ihre Fähigkeit auswirkt, neue Ideen aufzunehmen oder überhaupt in Betracht zu ziehen. Wenn Sie Erzengel Uriel anrufen, erhalten Sie Hilfe, wenn Sie verkrustete mentale Strukturen aufbrechen und sich von emotionalen Ketten befreien wollen, die Sie zurückhalten.

Die meisten Menschen haben immer noch Gelb in ihrem Solarplexus und deshalb nehmen sie ständig die Ängste anderer Menschen auf. Wenn Sie dieses Chakra spirituell entwickeln, eignen Sie sich Ihre tiefste Weisheit wieder an und dieses Zentrum verwandelt sich in Gold. Dann können Sie Ausgeglichenheit und Frieden auf eine Weise verbreiten, welche die Angst anderer Menschen auflöst. Ohne dass Sie sich dessen überhaupt bewusst sind, beruhigen Sie die Gemüter anderer und werden so wahrhaft zu einem Friedensstifter.

Erzengel Uriels Orb ist eindeutig identifizierbar, weil er eine goldgelbe Farbe hat, die manchmal von violetten oder braunen Flecken durchzogen ist, und eine ungewöhnliche Textur und Struktur, die sich deutlich von anderen Orbs unterscheidet. Seine Zwillingsflamme ist Erzengel Aurora, die Ihnen mit ihrer weiblichen Energie bei jedem Neuanfang zur Seite steht. Sie repräsentiert die Morgendämmerung des Neuen, und sie wird Sie bei neuen Projekten oder bei einem Neuanfang nach einem schwierigen Übergang oder einem radikalen Wandel unterstützen.

Wir erhielten ein Foto, das zwei Kinder zeigte, die vollkommen von Erzengel Uriel eingehüllt waren. Wir sahen gelbe Orbs, die augenscheinlich mit den Kindern kommunizierten, die keine Ahnung von alldem hatten. Es war offensichtlich, dass Erzengel Uriel Selbstvertrauen und Frieden auf sie übertrug und ihnen half, sich in der schweren Atmosphäre der Erde wohlzufühlen.

Sie können Erzengel Uriel bitten, Ihnen zu helfen, ein besseres Selbstwertgefühl zu erlangen und die Fähigkeit zu entwickeln, voller Selbstvertrauen mit den Herausforderungen des Lebens umzugehen. Wenn Sie während des Tages an ihn denken und während Ihrer Gebete am Abend sein Refugium im Äther aufsuchen, erhalten Sie möglicherweise direkte Unterweisungen von ihm, die Ihnen weiterhelfen werden. Wenn Sie Hilfe bei etwas Neuem benötigen, ist es sehr wichtig, um seine Unterstützung zu bitten.

Denken Sie daran, Erzengel Uriel zu bitten, Ihren und anderen Kindern zu helfen, damit sie hocherhobenen Kopfes und mit einem guten Selbstwertgefühl durch die Welt gehen können.

Foto Nummer 32 zeigt einen Orb von Erzengel Uriel. Der Orb enthält Frieden und Weisheit, sodass Sie Selbstvertrauen und ein gutes Selbstwertgefühl entwickeln können und Hilfe bei einem Neuanfang bekommen, indem Sie ihn anschauen. Dort, wo die Kammern im Orb offen sind, können Sie das Licht der Quelle hindurchscheinen sehen. Das kann Ihnen helfen, einen direkten Kontakt zu Erzengel Uriel herzustellen.

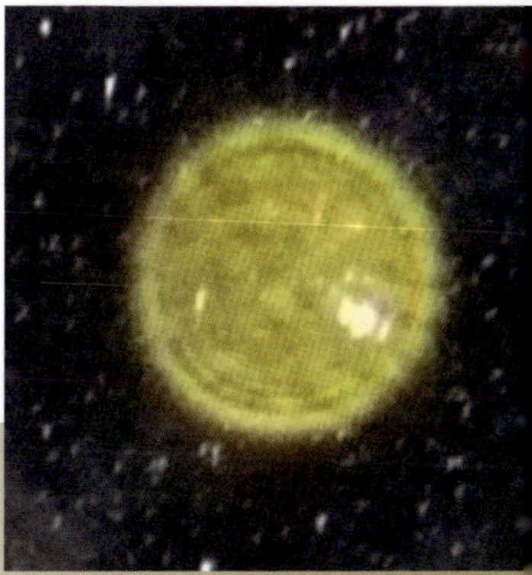

Foto Nummer 32:
Erzengel Uriel, fotografiert
von Diana Cooper

Wenn Sie sich den Orb auf Foto Nummer 32 anschauen, empfangen Sie mentale Läuterung, ein Gefühl des Friedens, eine Zunahme Ihres Selbstvertrauens und Hilfe bei einem Neuanfang.

Auf Foto Nummer 32 sehen Sie Erzengel Uriel selbst. Ich war im Urlaub in Thailand und stand während eines tropischen Regenschauers auf der Veranda meines Hotels. Während ich Fotos machte, strömten zahlreiche Orbs an mir vorbei. Dieser Orb ist einer von ihnen. Ich vibrierte vor Begeisterung am ganzen Körper, als ich diesen goldenen Ball auf dem Bildschirm des Fotoapparates sah. Es stellte sich heraus, dass viele Engel sehr schnell nach Bangkok mussten, weil dort viele Tiere Angst vor dem Sturm hatten. Sie wollten sie beschützen und beruhigen.

Auf diesem Foto können Sie sehen, dass einige der Kammern innerhalb des Orbs aktiv sind und dass Licht aus ihnen hervorstrahlt. Wenn Sie sich diesen Orb anschauen, wird Sie das für das Ausmaß an Licht öffnen, das Sie zurzeit ertragen können. Die inaktiven Zellen des Orbs bereiten sich gerade darauf vor, negative Energien einzusammeln, um diese dann in positive Energie und wunderschönes Licht umzuwandeln, das sie all jenen senden, die es brauchen. Das Licht aktiviert Ihre eigene Weisheit, damit Ihr Selbstvertrauen zunehmen kann.

Wenn Sie diesen Orb genauer untersuchen, wird er Ihnen helfen, alte Denkstrukturen aufzulösen und die Weisheit zurückzubringen, die Sie im Verlauf Ihrer vergangenen Leben auf diesem oder anderen Planeten erworben haben. Zudem wird er Sie mit Glücksgefühlen überschütten. Schauen Sie sich den Orb bei Neumond an, besonders wenn Sie gerade etwas Neues beginnen wollen. Im Kapitel über Meditationen und Übungen mit den Orbs finden Sie Anleitungen, wie Sie Ihr Bewusstsein erweitern können.

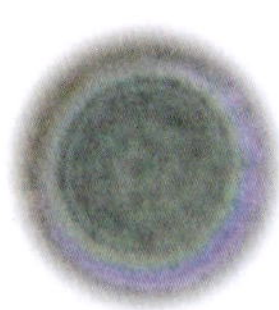

Kapitel 16

ERZENGEL CHAMUEL

Erzengel Chamuel ist der Engel der Liebe. Ihm wurde die schwere Aufgabe übertragen, den Funken des Lichts in den Herzen der Menschen am Leben zu erhalten, obwohl dieser schon fast erloschen ist. Er facht die Flamme der Liebe bei jenen an, deren Herzen offen sind. Er unterstützt die Menschen, Mitgefühl, Empathie, Fürsorglichkeit, Verständnis, die Fähigkeit zur Zusammenarbeit, Großzügigkeit und Liebe zu entwickeln.

Er hilft Liebenden, zueinanderzufinden, er trägt dazu bei, schwierige Situationen überall auf der Welt zu beruhigen und er hilft den Menschen, das Beste in anderen zu sehen. Wenn jemand von Kummer überwältigt ist, wird einer seiner Liebesengel kommen, um ihn zu trösten und zu beruhigen. Erzengel Chamuel hilft, gebrochene Herzen zu heilen. Sie können seine Gegenwart an seinen charakteristischen Orbs erkennen, die eine wunderschöne blassrosa Farbe haben. Diese Orbs heilen Ihr Herz und machen es weicher.

Chamuels Zwillingsflamme ist Mildtätigkeit. Die natürliche Konsequenz eines offenen Herzens zeigt sich darin, dass man gegenüber jenen großzügig ist, die weniger Glück haben als man selbst. Chamuel drückt die männlichen Aspekte der Liebe aus und Mildtätigkeit die weiblichen.

Wie alle anderen Erzengel können Sie auch ihn bitten, ihn während des Schlafes in seinem ätherischen Refugium aufsuchen zu dürfen, um mit Liebe erfüllt zu werden. Ein offenes Herz zieht nicht nur gute Beziehungen an, sondern bringt auch alle möglichen Formen des Reichtums und Glücks in Ihr Leben.

Wir erhielten ein wunderschönes Foto von einem Brautpaar, das an ihrem Hochzeitstag aufgenommen worden war. Als sich die beiden küssten, tauchte hinter dem Herzen der Braut ein riesiger rosafarbener Orb auf. Mein Herz schmolz dahin, als ich dies sah.

Wir haben schon oft rosafarbene Orbs in der Nähe verliebter Paare gesehen, die ihnen helfen, ihre Herzen offen zu halten, damit sie auch weiterhin das Göttliche ineinander sehen können.

Wenn Sie sich Foto Nummer 33 anschauen, öffnen Sie sich der Liebe und spüren die Verbindung zum kosmischen Herzen.

Foto Nummer 33, das uns Kari Palmgren aus Norwegen schickte, ist eine erstaunliche Aufnahme von Erzengel Chamuel und einem Liebesengel. Im Orb, der dahinter leuchtet, sind Erzengel Chamuel und Jophiel. Erforschen Sie dieses Foto, damit sich Ihr Herz in Liebe öffnen kann. Dies wird Ihnen helfen, alle alten Schmerzen aufzulösen, besonders die tiefer liegenden Schichten, die normalerweise verdrängt werden.

Foto Nummer 33: Erzengel Chamuel und ein Liebesengel, fotografiert von Kari Palmgren

Ihr Herz-Chakra steht in Verbindung mit dem kosmischen Herzen. Durch dieses Foto können auch Sie sich mit dem kosmischen Herzen verbinden und den Herzschlag des Universums hören.

Wir fanden es faszinierend, dass ausgerechnet dieses Foto die Nummer 33 trägt, da diese Zahl die Schwingung des Christus-Bewusstseins und damit der vollkommenen bedingungslosen Liebe verkörpert.

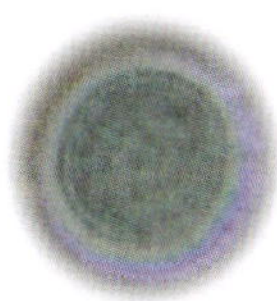

Kapitel 17

DIE ERZENGEL METATRON UND SANDALPHON

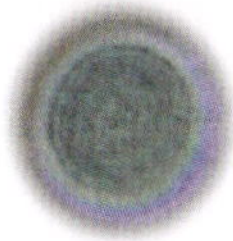

ERZENGEL METATRON

Erzengel Metatron ist eng mit Ägypten verbunden, sodass seine Gegenwart dort oft gesehen wird. Er arbeitet mit den Herren des Karma zusammen, beaufsichtigt die karmischen Aufzeichnungen in der Halle der Archive und steht jenen Engeln vor, welche die Aufzeichnungen machen.

Nach dem Untergang von Atlantis beaufsichtigte er den Bau der Großen Pyramide, in der die kosmischen Aufzeichnungen auf der ätherischen Ebene aufbewahrt werden. Die Große Pyramide ist unter anderem ein intergalaktisches Portal und eine Antenne, die auf das Universum ausgerichtet ist. Erzengel Metatron energetisiert sie immer noch und hilft, die Verbindung zu den anderen Planeten offenzuhalten. Wir erhielten viele Fotos von Geister- und Engel-Orbs, die dort aufgenommen wurden.

Erzengel Metatron leitet zudem die Entwicklung des Sternentor-Chakras, durch das die Menschen mit der Quelle verbunden sind. In den Zeiten des goldenen Atlantis hatten die Menschen zwölf offene, aktive Chakras, was bedeutet, dass sie ständig Zugang zur Quelle hatten. Als das Energieniveau abnahm, schlossen sich fünf Chakras, sodass diese Verbindung für die Menschen nicht länger möglich war. Nun ist endlich die Gelegenheit gekommen, die transpersonalen Chakras wieder zu öffnen. Sie wieder zu erwecken, das ist der Weg, der zur Quelle führt.

Die zwölf Chakras sind:

Das Sternentor	untersteht Erzengel Metatron und dem Seraphim Seraphina
Der Seelenstern	untersteht den Erzengeln Zadkiel und Mariel
Das Kausal-Chakra	untersteht Erzengel Christiel
Das Kronen-Chakra	untersteht Erzengel Jophiel
Das Dritte Auge	untersteht Erzengel Raphael
Das Kehlkopf-Chakra	untersteht Erzengel Michael
Das Herz-Chakra	untersteht Erzengel Chamuel
Das Solarplexus-Chakra	untersteht Erzengel Uriel
Das Nabel-Chakra	untersteht Erzengel Gabriel
Das Sexual- oder Sakral-Chakra	untersteht Erzengel Gabriel
Das Basis-Chakra	untersteht Erzengel Gabriel
Der Erdstern	untersteht den Erzengeln Sandalphon und Roquiel

Das Sternentor-Chakra ist ein goldener Energieball, der einem nach oben hin offenen Kelch ähnelt und Licht von der Quelle empfängt. Die transpersonalen Chakras – also das Sternentor, der Seelenstern und das Kausal-Chakra – können nicht getrennt voneinander geöffnet werden. Sie müssen mit dem Erdstern, der sich unter den Füßen befindet, in eine funktionierende Ausrichtung gebracht werden.

Immer mehr Menschen finden heute Zugang zum Sternentor. Von Radka Jurcgova erhielten wir ein unglaubliches Foto (Nummer 34), auf dem zu sehen ist, wie Erzengel Metatron ihr hilft, Verbindung mit diesem Chakra aufzunehmen. Im Orb über ihrem Kopf sind die Erzengel Gabriel und Metatron zu sehen, die mit einem Beschützer-Engel verschmolzen sind. Während sie betet, befindet sich ihr Schutzengel neben ihrer Schulter.

Interessanterweise hatte Kathy eine Eingebung, aus welchem Grund sich der Beschützer-Engel in Radkas Sternentor aufhielt. Kathy hatte Kontakt zum Orb aufgenommen, um in die jenseitigen Reiche einzutreten, aber ihr wurde mitgeteilt, dass ihr nicht gestattet war, Radkas Gebete zu hören. Interessant war zu erfahren, dass die Schwingung der von uns ausgesandten Gebete in unseren Chakras verbleibt.

Wenn Sie sich dieses Foto anschauen, wird Erzengel Metatron Ihnen helfen, Zugang zu Ihrem Sternentor zu finden.

Wenn Sie sich den Orb auf Foto Nummer 34 anschauen, erhalten Sie die Einladung, sich auf die Reise zur Öffnung Ihres Sternentores zu machen.

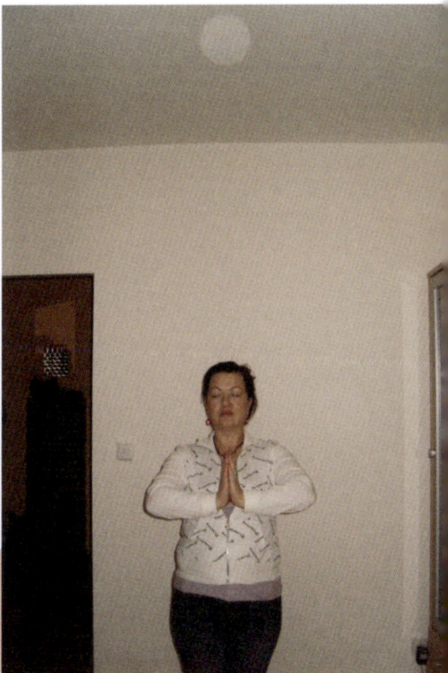

Foto Nummer 34:
Erzengel Metatron über dem Kopf einer Betenden, fotografiert von Radka Jurcgova

Ich hatte ein wunderbares Erlebnis, das ich für ein Geschenk von Orb Nummer 34 halte, den ich mir oft vorstelle. Ich ging in einem nahe gelegenen Wäldchen spazieren und arbeitete dabei mit meinen zwölf Chakras. Es hatte mich schon seit Längerem beschäftigt, warum mein Seelenstern-Chakra, in dem meine eigenen negativen Gedankenstrukturen und die meiner Vorfahren in kristallisierter Form gespeichert sind, häufig so viel »Schlamm« enthält. Ich war der Meinung, dass ich doch wohl oft genug die Energie aus den genetischen Lebenslinien und meinen vergangenen Leben sowie denen meiner Vorfahren geklärt hatte, die dieses Chakra so häufig verstopft.

Während ich also spazieren ging, fragte ich diesbezüglich und wurde daran erinnert, dass ich dem Universum schon häufig mitgeteilt hatte, dass ich das »Zeug« anderer Menschen annehmen und klären würde, damit der Planet schneller aufsteigen könne. Es ist wahr, ich habe dieses Angebot schon oft gemacht. Ich hatte aber nicht realisiert, dass dies so starke Auswirkungen auf meinen Seelenstern haben würde. Ich fragte, ob dies immer noch das höchste Opfer wäre, das ich bringen könnte. Da die Antwort ein klares Nein war, beschloss ich, mein Angebot zurückzuziehen.

Während ich weiter auf dem laubbedeckten Weg dahinging, errichtete ich einen Schutzwall, der verhindern sollte, dass irgendjemand etwas in meinen Seelenstern herunterlädt. Dann reinigte ich das Chakra. Im selben Augenblick geschah etwas Unglaubliches. Ich sah zwei Lichtkugeln, jede mit einem Durchmesser von etwa 75 Zentimetern. Die eine leuchtete in Magenta, die andere in Gold. Sie strahlten hell über mir in meinen Seelenstern und mein Sternentor hinein. Kurz darauf teilte mir Kumeka mit, dass ich eine weitere Stufe der Einweihung absolviert hatte.

ERZENGEL SANDALPHON

Erzengel Sandalphon ist die Zwillingsflamme von Erzengel Metatron. Er ist als der große Engel bekannt, weil er die Gebete der Engel sammelt und sie zur Quelle bringt. Er verbindet also den Himmel mit der Erde. Der Name Sandalphon bedeutet »einer, der vor dem Allmächtigen in Sandalen erscheint«. Erzengel Sandalphon ist auch der Schutzheilige der Musik.

Er ist für die Erdstern-Chakras zuständig, die sich unter den Füßen befinden. Diese sind schwarz und weiß, in ihnen ist das göttliche Potenzial gespeichert.

Wenn die Energie der Quelle angezapft wird, fließt sie durch alle Chakras hindurch in den Erdstern. Von dort aus fließt sie durch die Leylinien zu den Pyramiden. Wenn genügend Menschen ihre zwölf Chakras öffnen und zulassen, dass die Energie der Quelle durch sie hindurchfließt, werden die Pyramiden wieder energetisiert, und ihre Kraft wird erneuert, sodass unser Planet wieder seinen rechtmäßigen Platz im Universum einnehmen kann.

Wenn der Erdstern richtig funktioniert, kann die göttliche Energie direkt in die Erde fließen, und Mutter Erde wird endlich wieder in die Lage versetzt, sich selbst von alldem zu heilen, was wir ihr angetan haben. Außerdem wird die Menschheit zum ersten Mal seit Atlantis in der Lage sein, sich selbst vollständig zu heilen.

Kapitel 18

DIE ERZENGEL PURLIMIEK, GERSISA UND BUTYALIL

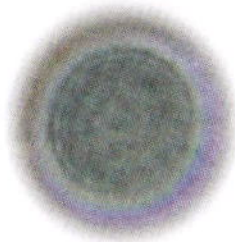

Diese drei Erzengel wurden erst vor Kurzem damit beauftragt, mit unserem Planeten zu arbeiten.

ERZENGEL PURLIMIEK

Dieser Erzengel betreut das Naturreich. Wir haben seinen Orb, der häufig von Elementarwesen und manchmal auch von Einhörnern umgeben ist, auf mehreren Fotos gesehen. Neben anderen Pflichten obliegt es seinen Engeln auch, großen Feengruppen bei ihrer Entwicklung zu helfen.

ERZENGEL GERSISA

Erzengel Gersisa ist weiblich und arbeitet mit den Erzengeln Sandalphon und Roquiel zusammen, welche für die Erdstern-Chakras der Menschheit verantwortlich sind. Sie klärt die Energie um diese Zentren herum und dies unabhängig davon, ob sie aktiv sind oder nicht, damit das Licht von der Quelle durch den betreffenden Menschen hindurchfließen und in die Erde dringen kann.

Erzengel Gersisa hilft, das Gleichgewicht auf dem Planeten herzustellen und sein Zentrum zu heilen. Um das zu tun, hält sie die Weisheit Lemurias in der Erde aufrecht. Sie arbeitet auch mit den Weisen der Hohlwelt zusammen, um diese uralte Energie wach und am Leben zu erhalten.

Wenn Sie in einer Gegend leben, in der die Erdmeridiane blockiert sind, wird dies Ihre Kundalini beeinträchtigen, weil Ihr Energiefluss blockiert ist. Die Kundalini ist die göttliche Energie, die durch Ihre Wirbelsäule fließt. Ist die Kundalini vollkommen erwacht, fließt sie die Wirbelsäule hinauf zum Schädeldach und öffnet Sie der Erleuchtung.

Oft wird die Kundalini als schlafende Schlange dargestellt. Verschiedene spirituelle Traditionen arbeiten darauf hin, sie langsam beziehungsweise in dem Tempo zu erwecken, das der Betreffende verkraften kann.

Erzengel Gersisa hilft, alle Leylinien offen zu halten, besonders diejenigen, die sich tief im Zentrum unseres Planeten befinden. Was sie tut, hat Auswirkungen auf den Energiefluss in den Erdmeridianen und in denen der Menschen. Menschen, die unter dem chronischen Erschöpfungssyndrom leiden, sind sehr feinfühlige Wesen, bei denen einige Meridiane blockiert sind. Sie kann solche Menschen in der Heilung unterstützen, da sie die Erdmeridiane klärt.

ERZENGEL BUTYALIL

Den Kosmos durchfließen riesige Energieströme, die unseren Planeten beeinflussen. Erzengel Butyalil ist dafür zuständig, diese einigermaßen im Gleichgewicht zu halten. Würde er dies nicht tun, wäre die Erde überfordert. Deshalb arbeitet er mit Erzengel Purlimiek und dem Naturreich und Erzengel Gersisa und dem Erdreich zusammen, um überall Gleichgewicht und Harmonie zu etablieren.

Da Erzengel Butyalil nur mit der Erde arbeitet, muss er mit anderen Erzengeln in Verbindung treten, in deren Obhut sich andere Planeten befinden. Wir fragten ihn, ob er ein kosmischer Diplomat sei, wurden von ihm aber behutsam daran erinnert, dass er das nicht zu sein braucht, weil alle höheren geistigen Wesen gemeinsam für das höchste Wohl aller arbeiten.

Erzengel Butyalil arbeitet mit den Einhörnern zusammen, deren reine Energie ihm hilft, den Planeten für seinen Aufstieg vorzubereiten. Da die Einhörner der Menschheit jetzt helfen, sich weiterzuentwickeln, ist Erzengel Butyalils Aufgabe viel leichter geworden. Er ist sehr froh darüber, dass die Menschen nun viel schneller erwachen.

Im Abschnitt über Elementarwesen im Glossar erwähnen wir auch die neuen Wesen, die nun auf den Planeten kommen, um uns zu helfen. Die Erzengel Purlimiek und Butyalil luden vor Kurzem gemeinsam die Esaks der Erde, die Kyhils des Wassers und andere »Reiniger« auf den Planeten ein, um die Energie zu klären und zu reinigen. Sie baten auch andere Elementarwesen hierher, damit sie beobachten, wie das Leben auf der Erde funktioniert.

Erzengel Metatron arbeitet ebenfalls mit Erzengel Butyalil zusammen, um die geeigneten Umstände zu schaffen, unter denen sich die Menschen auf den Weg machen können, ihre Sternentor-Chakras zu öffnen.

GEISTIGEN MÜLL LOSWERDEN

Die meisten Menschen haben keine Ahnung, welche Auswirkungen die Energie hat, die wir überall hinterlassen. Partys, auf denen Drogen und Alkohol im Übermaß konsumiert werden, ziehen negative Energien und Wesenheiten an, die sich davon ernähren. Wenn diese Partys im Freien stattfinden, überlassen die Feiernden es häufig einfach der Natur, danach wieder aufzuräumen. Das ist das geistige Gegenstück zur materiellen Umweltverschmutzung.

In *Angel Answers*[7] erzählte ich die Geschichte einer Freundin, die einen wunderschönen Aussichtspunkt aufsuchte, der von Flaschen, Dosen und Papier übersät war. Der Anblick ekelte sie an. Plötzlich sagte eine Stimme in ihrem Kopf: »Und was ist mit dem geistigen Müll, den du durch deine Verurteilung hier herumliegen lässt?«

Gruppen, in denen sich alle Teilnehmer über ihr schweres Leben beklagen oder sich von ihren schrecklichen Problemen erzählen, hinterlassen eine ähnliche Müllhalde. Es kann nützlich sein, wenn sie Erzengel Zadkiel oder Gabriel anrufen würden, um die freigesetzte negative Energie zu reinigen und ihnen zu helfen, sich auf Gesundheit und Ganzheit zu konzentrieren.

Wenn Sie sich Foto Nummer 35 anschauen, bekommen Sie ein Gefühl dafür, wie wichtig es ist, sich um die Natur zu kümmern.

Foto Nummer 35: Erzengel Purlimiek, verbunden mit einem Geister transportierenden Einhorn, fotografiert von Bernadette Gallagher

Wir veröffentlichen hier ein Foto von Erzengel Purlimiek mit einem Einhorn, das mehrere Geister transportiert. Er ist der Erzengel der Natur. Dieses Foto wurde uns von Bernadette Gallagher geschickt, die es aufgenommen hatte, als sie im englischen Nationalpark *Peak District* im Herzen der Natur mit einem Freund wandern war.

7 Deutsch: *Die Engel antworten. Himmlische Hilfe für die wichtigsten Lebensfragen.* Ansata Verlag, München 2007

Sie nahm eine ganze Reihe Fotos von verschieden geformten Bäumen, Höhlen und Gesteinsformationen auf, die wie Gestalten oder Gesichter aussahen. Und tatsächlich: Auf anderen Fotos, die sie uns schickte, konnten wir die Naturgeister und Elementarwesen deutlich erkennen.

Sie schrieb uns, es wäre ein magischer Tag gewesen. Es war offensichtlich, dass sie auf die wunderbare Energie eingestimmt und mit der Anwesenheit von Erzengel Purlimiek gesegnet worden war.

Wenn Sie sich Foto Nummer 36 anschauen, empfangen Sie einen Impuls, nach etwas Höherem und Besserem zu streben.

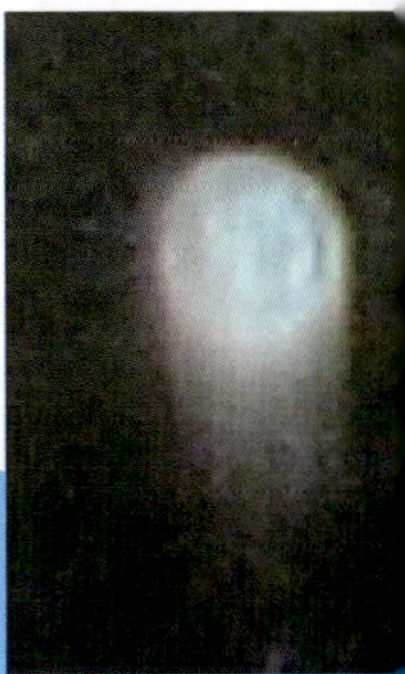

Foto Nummer 36: Kumeka, verbunden mit einem Engel der Liebe und einem höheren Selbst, fotografiert von Kathy Crosswell

Foto Nummer 36 wurde von Kathy in der Kirche in Knowlton aufgenommen, wo Kumeka oft den Planeten betritt. Es zeigt Kumeka mit einem Liebesengel und meinem höheren Selbst.

Es war offensichtlich, dass er diesen höheren Aspekt von mir mitgebracht hatte, damit ich mich stärker damit verbinden konnte. Aber dieses Foto kann auch Ihnen helfen, mit Ihrem höheren Selbst zu verschmelzen. Gleichzeitig verstärkt es Ihren Wunsch, der Welt auf irgendeine Art und Weise zu helfen.

Kapitel 19

EINHÖRNER

Einhörner sind weiße aufgestiegene Pferde der siebten Dimension, die vollwertige Mitglieder des Engelreiches sind. In den goldenen Zeiten von Atlantis waren alle Menschen mit den Einhörnern verbunden, deren Reinheit sie im Licht hielt. Die Einhörner zogen sich von der Erde zurück, als die Energie von Atlantis abnahm. Nun kehren sie endlich zurück, weil genügend Menschen ihr Bewusstseinsniveau erhöht haben.

Einhörner kümmern sich um Kinder und um alle, die rein und unschuldig sind. Sie arbeiten mit jenen, die danach streben, anderen Wesen und der Welt zu helfen. Wenn Sie eine Vision haben, werden die Einhörner Sie unterstützen und Ihnen die Kraft, die Würde, den Glauben und das Charisma geben, das Sie brauchen, um diese Vision umzusetzen. Sie werden Ihnen helfen, mit allen Herausforderungen umzugehen. Sie werden sich Ihnen nähern, wenn Sie bereit sind zu dienen und wenn Ihr Licht klar und gleichmäßig strahlt.

Diese großen Wesen haben ein spiralförmiges Horn, das aus dem dritten Auge in der Mitte der Stirn herauswächst. Tatsächlich ist das ein Strahl der Erleuchtung aus dem dritten Auge. Wenn ein Einhorn sein Horn auf Sie richtet, verändert sich tief in Ihnen etwas.

Einhörner verbreiten Heilung, Läuterung und Erleuchtung unter den Menschen und in bestimmten Gebieten. Weil ihr Licht so hell ist und Sie sich verbrennen würden, wenn es Ihnen zu nahe käme, müssen sie ihre Frequenz senken. Wenn Sie ein Einhorn aus der Ferne sehen, erscheint es wie ein sehr heller

Stern. Während es auf Sie zukommt, senkt es seine Schwingung, damit Sie mit ihr umgehen können. Dann erscheint es zwar blasser, aber größer. Selbst dann sind manche Einhorn-Orbs in der Nähe von Kindern oder sogar Erwachsenen ganz winzig. Ein Einhorn wird sich Ihnen nur mit so viel Energie nähern, wie Sie verkraften können. Die Einhörner gewähren Wünsche – besonders jene, von denen Ihre Seele profitiert.

KLARHEIT ÜBER DIE EIGENE VISION GEWINNEN

Wenn Sie sich Foto Nummer 37 anschauen, empfangen Sie Energie, die Ihnen helfen wird, Klarheit über Ihre Vision zu gewinnen.

Wenn Sie sich den Orb auf Foto Nummer 37 von Chris Saloschin anschauen, werden Sie ein Einhorn auf seinem Schädeldach sehen können, das ihm Erleuchtung und Frieden bringt und ihm hilft, an seiner Vision festzuhalten. Man kann deutlich sehen, wie lichtdurchlässig der Orb ist. Das Kronen-Chakra ist das Zentrum von Erleuchtung und Weisheit, das es den Menschen ermöglicht, sich mit den transzendenten Chakras darüber zu verbinden.

Wenn Sie den brennenden Wunsch haben, Menschen zu helfen oder etwas geschehen zu lassen, das anderen von Nutzen ist, werden die Einhörner dieses Licht sehen und zu Ihnen kommen. Wir sehen immer mehr Fotos von Menschen mit winzigen Einhorn-Orbs über ihren Köpfen, aber nur selten sind sie so deutlich zu erkennen wie auf diesem Foto.

Wir haben auch schon Einhorn-Orbs vor den Kehlkopf-Chakras gesehen. Sie sind dort, um die Person dabei zu unterstützen, mit Klarheit und Würde ihre eigene Wahrheit auszusprechen, und um das Kehlkopf-Chakra zu läutern.

Foto Nummer 37: Orb eines Einhorns, Foto von Chris und Joy Saloschin

Dadurch werden höhere Energien aktiviert. Wenn Sie der Menschheit auf irgendeine Art und Weise dienen wollen, selbst wenn dies nur auf lokaler Ebene geschieht, und Angst haben, Ihre Meinung kundzutun, sollten Sie die Einhörner anrufen und sie um Hilfe bitten.

Wenn Sie Foto Nummer 38 anschauen, werden Sie ein Gefühl für Unschuld und Freude bekommen.

Als wir an der ersten Ausgabe dieses Buches arbeiteten, besuchte Kathy die neugeborene Tochter ihres Neffen. Das Baby – Summer – war zur Weihnachtszeit geboren worden. Wir mussten lächeln, denn im Namen Summer (Sommer) liegt so viel Wärme und Optimismus für ein Winterbaby.

Einhörner lieben Babys und Kinder, daher waren wir absolut begeistert, als Kathy eine Aufnahme gelang, auf der ein kleiner Einhorn-Orb und natürlich der Schutzengel nahe bei dem Baby zu sehen waren.

Das Foto machte uns klar, wie wichtig die Beziehung zwischen Vater und Kindern ist und wie sehr die Engel und Einhörner ihnen helfen, eine Bindung aufzubauen. Leider war die Qualität des Fotos nicht gut genug. Daher haben wir beschlossen, an dieser Stelle ein anderes Foto zu zeigen, das dieselbe Botschaft vermittelt.

Foto Nummer 38:
Vater und Sohn mit Erzengel Gabriel, fotografiert von Jeni Floyd

Jeni Floyd schickte uns dieses wunderbare Foto (Nummer 38). Über Vater und Sohn sieht man einen Engel von Erzengel Gabriel, der dem Vater Klarheit über die Freuden der Vaterschaft bringt. Alle Eltern, aber besonders Väter, die diesen Orb anschauen, werden eine höhere Beziehung zu ihren Kindern aufbauen können.

Kapitel 20

ENERGIE VOM UNIVERSUM EMPFANGEN

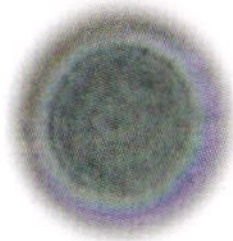

Ich finde es wichtig, noch einmal darauf hinzuweisen, dass Kumeka wollte, dass die englische Ausgabe dieses Buches *Enlightenment through Orbs* heißen sollte[8], weil Sie daraus Botschaften und Erleuchtung empfangen können, einfach indem Sie die Orbs anschauen. Die Fotos enthalten das Licht der Engel, in dem spirituelle Informationen und spirituelles Wissen enthalten sind. Das bedeutet, dass Sie durch die Orb-Fotos Energie direkt von den Engeln, Erzengeln, Einhörnern und anderen Wesen der geistigen Hierarchie empfangen können.

Diese Energie wird in Ihr Bewusstsein eindringen, gleich, ob Sie dafür offen sind oder nicht, und Sie auf größere Erleuchtungserfahrungen vorbereiten. Wenn Sie bereits bewusst und gewillt sind, diese Energie zu empfangen, kann diese Sie auf einer sehr tiefen Ebene beeinflussen.

Wir finden es erstaunlich und fantastisch, dass die höheren Welten einen so schönen Weg ersonnen haben, uns zu erwecken und uns zu helfen. Diese Orb-Fotos sind ein Geschenk der geistigen Hierarchie, daher hoffen wir, dass Sie diese im Geiste der Gnade und Liebe annehmen können, in dem sie zu uns gekommen sind.

Dies ist das erste Buch einer Serie. *Ascencion through Orbs*[9] ist das zweite und uns wurde mitgeteilt, dass wir anschließend *Healing*

8 Für die deutsche Ausgabe entschieden wir uns, diesen Titel abzuwandeln, um dem etwas anderen Gebrauch des Begriffs Erleuchtung Rechnung zu tragen (Anm. d. Übers.).

9 Deutsch: *Orbs. Wegbereiter für den Aufstieg ins Licht.* Ansata Verlag, München 2010

through Orbs[10] schreiben sollen. Wir schenken Ihnen diese Bücher mit unserer Liebe und unserem Segen.

Foto Nummer 39: Orbs im Sonnenlicht, fotografiert von Rosemary Stephenson

Wenn Sie sich Foto Nummer 39 anschauen, empfangen Sie einen Energieschub, der Ihr Herzzentrum erweckt.

Foto Nummer 39 wurde von Rosemary Stephenson aufgenommen. Es ist ein wunderschönes Bild, das Ruhe und Harmonie ausstrahlt. Es soll Sie daran erinnern, dass es an der Zeit ist, Ihr Herz der Freude und Liebe zu öffnen. Frieden und

10 Die deutsche Ausgabe wird voraussichtlich im Ansata Verlag erscheinen.

Freude strahlen von diesem Foto aus, und die Engel helfen, Frieden und Freude zu verwirklichen. Aber es gibt noch viel mehr darin zu sehen.

Wenn Sie sich das Foto anschauen, können Sie zwei Orbs im Sonnenlicht entdecken. Das sind Engel, welche die Energie der Sonne benutzen, um Heilung und Frieden in das betreffende Gebiet zu bringen. Indem sie dies tun, bewirken sie ein Erwachen der Herz-Chakras aller Menschen, die dort leben. Die meisten Menschen sind sehr gut darin, all ihre Verletzungen, all ihren Kummer und all ihre Ängste, abgelehnt zu werden, nicht gut genug zu sein oder enttäuscht zu werden, zu leugnen und zu verdrängen.

In den technologisch fortgeschrittenen Kulturen lernen die Menschen zu denken statt zu fühlen. Daher verdrängen sie ihre Gefühle in die hinterste Ecke ihrer Herzzentren. Aber Gefühle, die nicht anerkannt oder geheilt werden, können irgendwann ein physisches Problem im Herzen, in den Lungen oder im Rücken verursachen. Durch dieses Foto bieten uns die Engel eine Möglichkeit, das Herzzentrum zu erwecken und es zu heilen.

Wenn Sie sich Foto Nummer 40 anschauen, können Sie die Angst vor dem Unbekannten loslassen.

Viele der Menschen, die gegenüber Energien sehr feinfühlig sind, machen sich Sorgen um die Zukunft oder um das Leben allgemein. Viele haben Angst davor zu reisen. Außerdem sind viele Menschen ängstlich in Bezug auf alles, was unbekannt ist, ohne zu wissen, warum. Jeder, der Stimmungen spüren kann, wird von den unsichtbaren Energien beeinflusst.

Foto Nummer 40 wurde von Brian Thomas am 28. Dezember 2007 am Bahnhof Pickering der North Yorkshire Moors Railway aufgenommen.

Foto Nummer 40: Orbs bringen Schutz für Reisende, Foto von Erica und Brian Thomas

Man sieht hier Erzengel Gabriels Engel und Schutzengel, welche den Zug und die Passagiere beschützen. Wenn Sie sich dieses Foto anschauen, empfangen Sie ein Gefühl der Sicherheit, wodurch sich die Angst vor dem Unbekannten auflöst.

MEDITATIONEN UND ÜBUNGEN MIT DEN ORBS, UM DAS BEWUSSTSEIN ZU ERWEITERN

VON KATHY CROSSWELL

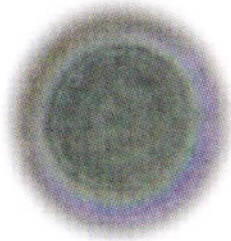

Wywyvsil hat uns einige Einsichten in die Gefühle vermittelt, die in den Fotos enthalten sind. Er bat mich, mit ihm und den Engeln in Verbindung zu treten und meine sehr persönlichen Erfahrungen dabei mit Ihnen, den Leserinnen und Lesern, zu teilen. Zudem hat er Meditationen übermittelt, die Ihnen Freude bereiten und Erleuchtung bringen werden.

Die Meditationen dienen auch dazu, sich auf die in den Fotos enthaltenen Botschaften einzustimmen. Diana hat für jeden Orb eine Übung hinzugefügt.

Jedes Mal, wenn Sie meditieren, empfangen Sie mehr Licht, wodurch Sie Ihr Bewusstsein auf eine höhere Schwingungsfrequenz heben. (Nicht alle der von mir empfangenen Meditationen sind in diesem Buch aufgeführt. Weitere sind unter www.kathycrosswell.com oder www.healingorbs.com zu finden.)

Ich weiß und anerkenne, dass sich viele Leute nach Kräften bemühen, einen tiefen meditativen Zustand zu erreichen, aber wir glauben eigentlich nicht, dass dies tatsächlich so wichtig ist. Ihre Absichten und Ihre Energie können sich völlig unabhängig davon in Übereinstimmung mit Ihren Engeln befinden. Die folgenden Abschnitte enthalten einige Gedanken dazu, die Sie vielleicht nützlich finden werden.

Meditation ist für jeden von uns etwas sehr Persönliches. In der Meditation gibt es keinen richtigen oder falschen Weg. Wenn Sie sich fragen, wie Sie anfangen sollen, dann schlagen wir als Erstes vor, dass Sie sich dafür genügend Zeit erlauben. Das können fünf Minuten oder zwei Stunden sein. Suchen Sie sich einen ruhigen Ort, an dem Sie sich wohlfühlen, und sorgen Sie dafür, dass Ihnen nicht kalt werden kann. Viele Menschen haben große Erwartungen ans Meditieren und setzen sich damit unter Druck, sodass sie schließlich aufgeben. Wenn Ihnen das geschehen sollte, spielt das keine Rolle. Sie sollen dann offensichtlich jetzt nicht meditieren.

An manchen Tagen werden Sie versuchen zu meditieren, aber stattdessen einschlafen. Dann ist es offensichtlich, dass die Engel wollen, dass Sie schlafen. Manchmal kommt es vor, dass Sie immer wieder an bestimmte Dinge denken müssen, die Sie noch zu erledigen haben. Auch hier gilt: Zwingen Sie sich zu nichts. Hören Sie auf zu meditieren und versuchen Sie es später noch einmal.

Möglicherweise ist es hilfreich, eine Liste der Dinge zu erstellen, die Sie noch tun wollen, und dann um Hilfe bei der Ausführung zu bitten. Legen Sie die Liste im tiefen Glauben beiseite, dass Sie diese Dinge mit Leichtigkeit erledigen werden. Häufig werden Sie dann entdecken, dass Sie nun die richtige Energie und den richtigen »geistigen Raum« haben, mit Freuden zu meditieren.

Wenn Sie sich auf den Weg machen, entdecken Sie vielleicht, dass Sie meinen Worten nicht immer folgen können, sondern auf einen anderen Weg geführt werden. Machen Sie sich keine Sorgen, gehen Sie einfach dorthin, wohin es Sie zieht. Offensichtlich finden die Engel, dass diese neue Erfahrung im Augenblick viel wichtiger für Sie ist. Sie müssen verstehen, dass die Meditationen für Sie da sind, nicht umgekehrt. Setzen Sie sich nicht unter Druck. Wenn etwas richtig ist, wird es geschehen.

Die folgenden knapp gehaltenen Einsichten in die Essenz der Fotos sowie die Meditationen sind uns von Wywyvsil und den

Engeln mit Liebe geschenkt worden. Ich hoffe, Sie erfreuen sich an den Orbs genauso sehr wie wir. Wenn Sie möchten, können Sie sich ganz auf das Foto konzentrieren, Sie können es aber auch erst anschauen und dann die Augen schließen, um zu meditieren.

FOTO NUMMER 1 (SEITE 32): DIE COURAGE EMPFANGEN, WEISE WORTE ZU SPRECHEN UND VERSTÄNDNISVOLL ZUZUHÖREN

MEDITATION: LERNEN SIE IHREN SCHUTZENGEL KENNEN

Stellen Sie sich vor, Sie spazieren um einen See herum. Sie hören Vögel singen und sehen die Enten, die ihren Geschäften nachgehen. Dabei halten sie oft inne, um sich zu putzen. Gelegentlich durchbricht ein Fisch die Wasseroberfläche, um ein Insekt zu fangen, das auf dem Wasser gelandet ist. Es ist sehr idyllisch hier.

Vor sich sehen Sie unter einem Baum eine Bank. Sie gehen darauf zu und setzen sich. Sie schließen die Augen und atmen die besondere Atmosphäre ein, die hier herrscht. Mit jeder Einatmung spüren Sie, wie Ihre Energie zunimmt, wodurch sich Ihre Aura ausdehnt. Nun spüren Sie eine Präsenz in Ihrer Nähe.

Sie öffnen die Augen, sehen aber niemanden. Sie schließen die Augen wieder, und das Gefühl bleibt. Es ist ein angenehmes Gefühl, sodass Sie neugierig werden, wer da wohl sein mag. Sie drehen sich um und sehen ein Wesen. Sofort werden Sie in seine Liebe, sein Leuchten, seinen Schutz und seine Freude eingehüllt.

Sie bemerken, dass diese Präsenz eine Gestalt annimmt, und schon bald sehen Sie Ihren Schutzengel vor sich. Sie sind überrascht, als er Ihnen ein Geschenk überreicht. Sie fragen ihn, um was für ein Geschenk es sich handelt, und nehmen die

Antwort auf. Nachdem Sie sich mit dem Schutzengel unterhalten haben, überkommt Sie eine gewisse Schläfrigkeit. Sie fühlen sich so glücklich. Langsam werden Sie sich wieder des Zwitscherns der Vögel und der Wärme der Sonne auf Ihrem Gesicht bewusst und Sie erkennen, dass Sie wieder an dem Ort angekommen sind, an dem Sie sich so wohlfühlen.

Ü EINE ÜBUNG, UM WEISE WORTE ZU SPRECHEN UND MIT VERSTÄNDNIS ZUZUHÖREN

Dies ist eine Übung, welche den meisten von uns guttun wird. Sie kann Ihrer Beziehung helfen und Ihr Leben verändern.

1. Schauen Sie sich einen Augenblick lang Foto Nummer 1 an.
2. Zünden Sie eine Kerze an und weihen Sie diese der weisen Kommunikation und dem rechten Verständnis. Wenn Sie dabei an eine bestimmte Situation denken wollen, bitten Sie um Hilfe dafür.
3. Sitzen Sie still da und konzentrieren Sie sich auf Ihr Kehlkopf-Chakra. Atmen Sie Liebe ein und Frieden aus.
4. Visualisieren Sie sich selbst umgeben von einer riesigen blauen Aura.
5. Stellen Sie sich eine Situation vor, in der Sie weise sprechen und verständnisvoll zuhören müssen.
6. Stellen Sie sich vor, Ihr Schutzengel spräche mit großer Weisheit und innerem Abstand durch Sie.
7. Stellen Sie sich die Reaktion Ihres Gegenübers vor und hören Sie die unterschwellige Botschaft darin. Bitten Sie dann Ihren Schutzengel, Ihnen zu helfen, Ihre Gefühle zu verstehen.
8. Bitten Sie Ihren Engel, Ihnen zu helfen, sich diese Weisheit zu bewahren, wenn Sie wieder mit diesem Menschen oder zu dieser Gruppe sprechen.
9. Bedanken Sie sich bei Ihrem Engel.

FOTO NUMMER 2 (SEITE 33): FREUDE UND LEBENSKRAFT EMPFANGEN, ABER AUCH LÄUTERUNG UND EINE ÖFFNUNG DES BEWUSSTSEINS FÜR NEUE MÖGLICHKEITEN

Der folgende Abschnitt enthält die Erfahrungen, die mir Wywyvsil übermittelte, als ich in diesen Orb eintrat.

Während ich diesen Orb anschaue, fange ich an, jeden Wassertropfen des Wasserfalls zu spüren. Mich überkommt tiefe Demut. Das Wasser schmeckt so rein und klar, dass es eine ganz außergewöhnliche Erfahrung ist. Alle meine Unreinheiten werden betont. Ich weiß, ich muss dieses Wasser trinken, um mein ganzes Wesen zu reinigen und zu energetisieren. Ich spüre, dass die Energie des Wassers und die Reinheit von meinem Solarplexus aus in jede Zelle meines Körpers dringt. Das Wasser fließt von einer Zelle zur nächsten. Es fühlt sich so frisch an, dass jede Zelle mit der Neuheit dieser Energie vibriert. Augenblicklich durchströmt ein Gefühl vollkommener selbstloser Liebe, Güte und Erregung meine Chakras.

Ich fühle mich so demütig, ich möchte weinen. Dieser Orb hat die Energie der Erde gesammelt und auf mich übertragen. Ich fühle mich so geehrt und bin so dankbar. Es erinnert mich daran, wie sehr ich das Leben und diesen Planeten liebe.«

MEDITATION: FÜHLEN SIE SICH REIN UND EINS MIT DER LEBENSKRAFT DER ERDE

M

Stellen Sie sich vor, Sie säßen neben einem Wasserfall. Das Sonnenlicht wärmt Sie und die sanfte Brise kühlt Sie. Sie können den Gesang der Vögel in der Luft hören, und Sie beginnen zu lächeln. Sie riechen duftende Blüten und lächeln noch mehr. Während Sie so dasitzen, denken Sie darüber nach, wie wunderschön die Natur doch ist. Plötzlich nehmen Sie wahr, dass das Geräusch des fallenden Wassers alle Ihre Sinne geschärft hat.

Sie fühlen sich in das monotone Geräusch hineingezogen und fangen an, im Rhythmus des fallenden Wassers zu atmen. Sie entspannen sich immer mehr. Sie wünschen sich, dieser Augenblick würde niemals enden. Sie bemerken, dass die Gischt überall um Sie herum aufspritzt. Sie nehmen sie als angenehm kalt wahr.

Sie schließen die Augen, um diese Empfindung noch zu verstärken. Auf diese Weise genießen Sie jeden kleinen Tropfen, der auf Ihrem Körper landet. Sie öffnen die Augen und zu Ihrer Überraschung befinden Sie sich nun in einem der Wassertropfen. Sie können hinaussehen, Sie wissen, dass Sie vollkommen von ihm umhüllt sind. Es fühlt sich ganz wunderbar an.

Sie können den Rhythmus der Erde hören. Er gleicht einem Herzschlag, und Ihr Körper beginnt, im Puls der Erde zu vibrieren. Die Energie in Ihrem Körper verstärkt sich so weit, dass Sie Ihren Körper überhaupt nicht mehr spüren können. Sie sind eins mit dem Wassertropfen. Sie sind sauber, rein und voller Energie. Sie wissen, dass Sie in Ihrem innersten Kern gereinigt werden.

Sie fangen an zu verstehen, dass die Heilkraft der Erde durch Sie hindurchströmt, und sind dankbar dafür. Sie lassen diesen Prozess so lange, wie es nötig zu sein scheint, weitergehen. Wenn Sie ganz erfüllt sind, lassen Sie sich in das Becken am Fuße des Wasserfalls fallen.

Der Lärm dort ist gewaltig, und die Kraft übersteigt jede, die Sie jemals gespürt haben. Sie nimmt Sie mit auf eine höhere Schwingungsebene und zu einer weiteren Reinigung – dieses Mal durch das Geräusch des Wassers. Ihre Chakras sind wieder in Übereinstimmung mit der Erde und allem, was diese zu bieten hat, gebracht worden. Das Wort »erstaunlich« kann nicht annähernd beschreiben, wie Sie sich nun fühlen. Während das Geräusch des Wassers langsam ausklingt, spüren

Sie, dass Sie wieder in Ihrem Körper sind. Sie sind von Frieden erfüllt und voller Energie.

Sie schließen die Augen, und wenn Sie sie wieder öffnen, stellen Sie fest, dass Sie sich wieder an Ihrem Wohlfühlplatz befinden. Sie platzen fast vor Freude.

EINE ÜBUNG, UM FREUDE UND LEBENSKRAFT ZU EMPFANGEN, GELÄUTERT ZU WERDEN UND DAS BEWUSSTSEIN FÜR NEUE MÖGLICHKEITEN ZU ÖFFNEN

Ü

1. Schauen Sie sich Foto Nummer 2 an.
2. Wenn es Ihnen möglich ist, begeben Sie sich an einen Ort mit hoher Energie, also ans Meer, an einen See oder Wasserfall, auf einen Berg, einen Aussichtspunkt oder an irgendeinen Ort in der Natur, an dem Sie das Gefühl haben, auftanken zu können.
3. Wenn Sie nicht tatsächlich dort sein können, schauen Sie sich ein Foto eines solchen Ortes an.
4. Rufen Sie die Engel an.
5. Bitten Sie die Engel, die Lebenskraft dieses Ortes zu sammeln und zu Ihnen zu bringen.
6. Spüren Sie die Energie, die Ihnen gebracht wird. Spüren Sie, wie diese Sie reinigt. Atmen Sie die Freude und Lebenskraft ein.
7. Stellen Sie sich vor, wie Ihr Verstand sich neuen Möglichkeiten öffnet.
8. Bitten Sie die Engel, diese neuen Möglichkeiten zu Ihnen zu bringen.
9. Danken Sie den Engeln dafür, dass sie Ihnen geholfen haben.
10. Atmen Sie auch weiterhin das höhere Bewusstsein ein und bleiben Sie offen für Neues.

FOTO NUMMER 3 (SEITE 37): ENERGIE EMPFANGEN, UM MIT DEN ENGELN ZUM WOHLE VON KINDERN ZU ARBEITEN

Dies ist die Erfahrung, die mir Wywyvsil gewährte, als ich in diesen Orb eintrat:

»Während ich in diesen Orb hineinschaue, zieht mich das strahlende Blau an. Ich fühle mich sicher und bin sehr entspannt. Man versichert mir, dass ich nicht mehr alles selbst in die Hand nehmen muss. Die Bürde der Verantwortlichkeit ist von mir genommen worden. Ich fühle mich, als ob ich in einer großen Umarmung gehalten würde. Ich fühle mich so beschützt, wie ich mich als Kind gefühlt hatte, wenn mich mein Vater in den Arm nahm.

Augenblicklich bekomme ich das Gefühl, ›ganz in der Gegenwart zu sein‹, vollkommen in einer Ganzheit aufzugehen, die einfach für mich da ist. Ich weiß ohne jeden Zweifel, dass ich meine Kinder voller Selbstvertrauen und Zuversicht auf den richtigen Weg bringen werde. Wenn dieser Orb lächeln könnte, würde er es jetzt tun, denn er ist so unglaublich stolz auf diese Kinder. Er beschützt sie auf der Seelenebene.

Der Orb bringt Glück und gewährt die Erlaubnis, etwas Neues zu versuchen. Es spielt dabei keine Rolle, ob man Erfolg hat oder nicht. Er urteilt nicht. Er bringt den Kindern das Wissen, wie man am besten auf der Welt zurechtkommt. Er möchte, dass andere Freude an diesen Kindern haben und sie respektieren, während sie körperlich, emotional und spirituell wachsen. Der Orb ist von einer unvorstellbaren Tiefe, er bringt Schutz von der Quelle selbst. Wenn man von diesem Orb umhüllt ist, kann man nicht hinaussehen.«

Eine Visualisierung, um die Sicherheit Ihres Kindes zu gewährleisten

Ü

Wenn Sie ein geistiges Wesen bitten, etwas zu tun, können Sie ihm dabei helfen, indem Sie sich vorstellen, dass Ihr Wunsch bereits wahr geworden ist.

1. Schauen Sie sich Foto Nummer 3 an.
2. Zünden Sie eine Kerze an.
3. Stellen Sie sich vor, dass Ihr Kind sicher, glücklich und gesund ist.
4. Bitten Sie seinen Schutzengel, es in seine Flügel zu hüllen. Stellen Sie sich vor, dass dies jetzt geschieht.
5. Bitten Sie Erzengel Michael Ihrem Kind mit Schwert und Schild zur Seite zu stehen und es zu beschützen. Stellen Sie sich das so detailliert wie möglich vor.
6. Bitten Sie Erzengel Uriel, Ihrem Kind Selbstvertrauen und inneren Frieden zu schenken. Stellen Sie sich dann vor, dass Ihr Kind von goldenem Licht umhüllt ist.
7. Tun Sie nun, was immer Sie tun müssen, und machen Sie sich keine Sorgen mehr um Ihr Kind. Vertrauen Sie auf die Engel und seien Sie sicher, dass Ihr Kind vollkommen geschützt ist.
8. Bitte beachten Sie: Wenn Sie den Schutz der Engel für Ihr Kind erbeten haben, können Ihre Gebete und Visualisierungen diesen Schutz noch weiter verstärken.

FOTO NUMMER 4 (SEITE 44): DIE BOTSCHAFT EMPFANGEN, DASS DIE ENGEL UNSERE ENTSCHEIDUNGEN UNTERSTÜTZEN

Meditation: Innere Ausgeglichenheit ist möglich

M

Stellen Sie sich vor, Sie befänden sich in einem Raum voller Menschen. Alle reden, aber Sie fühlen sich einsam. Ihre Welt steht still, während alle anderen um Sie herum weitermachen. Sie fragen sich, warum Sie hier sind. Ganz allmählich verändern sich Ihre Gefühle, und Sie fühlen sich nicht länger einsam. Es scheint, als seien Sie von einer ruhigen, friedvollen Energie erfasst worden.

Sie sehen sich um und achten darauf, wie sich die Leute im Raum verhalten. Mit jeder Erkenntnis werden Sie von einem immer größer werdenden Frieden erfüllt, Sie fühlen sich glücklich und müssen lächeln.

Ihre Energie strahlt nun aus und greift auf alle anderen über. Sie lädt die anderen ein, mit Ihnen zu reden. Sie sind glücklich darüber. Sie können kaum glauben, wie gut es sich anfühlt. Sie sehen, dass die Menschen lächeln und auf Sie zukommen. Sie sehnen sich danach, an Ihrer Energie teilzuhaben, und suchen daher Ihre Gesellschaft.

Schon bald reden Sie mit vielen Leuten. Die Atmosphäre ist leichter geworden, und der Raum fühlt sich ruhiger und friedlicher an. Sie fangen an zu lachen, wovon sich die anderen anstecken lassen. Die Menschen in Ihrer Nähe fangen ebenfalls an zu lachen, und immer mehr Menschen werden in Ihr Energiefeld gezogen. Mittlerweile ist die Stimmung im Raum perfekt. Sie wissen, dass Sie bei allem, was Sie tun, geführt und unterstützt werden. Das fühlt sich ganz wunderbar an. Mit dieser Erkenntnis entdecken Sie, dass Sie zurück an Ihrem Wohlfühlplatz sind. Sie fühlen sich erfrischt und erleuchtet.

Ü Bitten Sie die Engel, Ihre Entscheidungen zu unterstützen

1. Schauen Sie sich Foto Nummer 4 an.
2. Setzen Sie sich still hin und erzählen Sie den Engeln von Ihrer Entscheidung – ganz egal, wie diese auch aussehen mag.
3. Bitten Sie die Engel, die Entscheidung zu unterstützen.

4. Seien Sie gewiss, dass die Engel Ihnen helfen werden, das zu verwirklichen, wofür Sie sich entschieden haben – ganz gleich, was auch geschehen mag.
5. Gehen Sie voller Selbstvertrauen Ihren Weg.

FOTO NUMMER 5 (SEITE 49): SCHUTZ VOR ELEKTROGERÄTEN ERHALTEN

Dies ist eine Erfahrung, die Wywyvsil mir gewährte, als ich in diesen Orb eintrat:

»Während ich mir dieses Foto anschaue, spüre ich die niedrige Schwingung des Fernsehers. Die Empfindungen sind in meinem Herz- und Kehlkopf-Chakra sowie im dritten Auge spürbar. Diese Chakras fühlen sich schwer und verstopft an, und meine Schultern und mein Rücken fangen an zu schmerzen. Die Kristalle auf dem Foto wollen atmen, aber sie haben keine Möglichkeit dazu. Der Orb hüllt mich ein, und ich fühle seine klebrige Textur.

Diese ermöglicht es ihm, auf einer so niedrigen Frequenz zu schwingen, dass er die negativen Schwingungen aufnehmen kann, die vom Fernsehprogramm ausgehen. Er wandelt die Energie um und nutzt sie, um die Ladung der Ionen in der Nähe des Fernsehgerätes zu reduzieren. Dieser Orb ist der Engel des Gebäudes. Wie die meisten anderen, hat auch er eine gewaltige Tiefe und viele Facetten.

Er enthält Kammern, welche die schädlichen Energien der Elektrogeräte im Gebäude aufnehmen. Er sammelt auch die negativen Absichten ein, die so viele unserer Fernseh- und Radioprogramme, CDs und DVDs ausstrahlen. Dann wandelt er diese Energien um und bringt die positive Energie zum Wohle des Hauses zurück. Innerhalb dieses Orbs befindet sich ein großer, sanftmütiger Mann mit sehr korrekten Umgangsformen.«

M Meditation: Erkennen Sie, welchen Einfluss Elektrizität auf Ihre Energien hat

Stellen Sie sich vor, Sie säßen in einer sehr großen Höhle, die von einem Feuer gewärmt und erhellt wird. Überall liegen Werkzeuge aus Feuerstein herum. Sie stehen auf, gehen aus der Höhle und sehen vor sich eine atemberaubende Aussicht.

Der Planet ist üppig und voller Leben. Sie atmen tief ein. Die Luft in Ihren Lungen ist kühl und klar. Sie blinzeln mit den Augen und spüren, wie wach und wachsam diese sind. Sie strecken sich und schütteln den ganzen Körper vom Kopf bis zu den Zehen aus. Sie spüren Energie durch alle Chakras strömen und in die erweiterte Aura hinaus fließen. Es fühlt sich einfach wunderbar an. Als Sie in die Höhle zurückkehren, stellen Sie fest, dass es dort sehr heiß und stickig ist.

Statt in der Höhle befinden Sie sich nun in einem Elektrogeschäft. Sie atmen tief ein. Ihre Lungen fühlen sich eng und beklemmt an. Sie wollen die Augen öffnen, bekommen sie aber kaum auf. Die Augen sind müde und erschöpft. Ihre Chakras und Ihr ganzer Körper sind erschöpft und tun weh. Sie drehen sich um, um das Geschäft zu verlassen, müssen aber feststellen, dass die Tür geschlossen ist.

Sie öffnen die Tür und werden augenblicklich mit schwarzem Turmalin-Staub überschüttet, der Ihre Aura und Ihren Körper reinigt und von der elektrischen Spannung befreit, die ihm anhaftet. Sie gehen derart gesäubert weiter. Es fühlt sich wunderbar an, so wie in den alten Zeiten. Mit diesem Gedanken kehren Sie sauber und erfrischt an Ihren Wohlfühlplatz zurück.

Ü Empfangen Sie Schutz vor elektrischen Strahlungen

1. Besorgen Sie sich einen schwarzen Turmalin.
   Alle Kristallläden verkaufen diese.
2. Stellen Sie ihn eine halbe Stunde lang auf Foto Nummer 5.

3. Stellen Sie ihn dann vor Ihren Fernseher oder andere Elektrogeräte.
4. Dies wird es den Engeln ermöglichen, mit der Energie des Turmalins zu arbeiten, um Sie zu beschützen.

FOTO NUMMER 6 (SEITE 50): EIN GEFÜHL DER LIEBE UND DES SCHUTZES EMPFANGEN

Dies ist eine Erfahrung, die Wywyvsil mir gewährte, als ich in diesen Orb eintrat:

»Während ich mich ganz auf den Orb konzentriere, verschlägt es mir im wahrsten Sinne des Wortes den Atem. Sofort spüre ich, dass ein anderes Wesen mit mir atmet. Ich kann auf symbiotische Weise mit dem Geist im Orb atmen. Es fühlt sich ganz wunderbar an. Es ist still und so flauschig wie Watte. Der Geist ist sanft in Watte gehüllt und ganz friedlich und zufrieden.

Ich weiß, dass er männlich ist und sich darauf konzentriert, seiner Familie Liebe zu schicken. Er ist fest entschlossen, seine Familie wissen zu lassen, dass er da ist. Seine Hauptsorge ist, dass seine Lieben die negativen Auswirkungen verstehen, die das Fernsehen für ihre spirituelle Entwicklung haben kann. Er will wirklich nur das Beste für seine Familie und möchte, dass sie seine Anwesenheit spürt.«

Meditation: Nehmen Sie bewusst wahr, was Ihnen suggeriert wird

M

Nehmen Sie an, Sie wären eine Figur in einem Zeichentrickfilm. Sie rennen umher und tun sich weh. Das wiederholt sich immer und immer wieder, aber es spielt keine Rolle, weil der Zeichner Ihre Blessuren einfach übermalt. Da Sie natürlich nicht wissen, dass Sie eine Zeichentrickfigur sind, verursachen und erleben Sie körperliche und emotionale Traumata, ohne groß darüber nachzudenken.

Der Zeichner beschließt, Sie von einem riesigen Adler mit sehr langen Krallen in den Himmel bringen zu lassen, nur um Sie dann aus großer Höhe herunterfallen zu lassen. Sie brechen sich viele Knochen, aber schon in der nächsten Szene laufen Sie auf Krücken umher, und in der übernächsten sind Sie wieder gesund und munter. Sie fangen an zu glauben, dass Sie unbesiegbar sind und dass Ihnen nichts passieren kann.

Sie wissen, dass alles, was Ihnen passiert oder was Sie anderen antun, weder Ihnen noch den anderen wirklich schadet. Nun beschließen Sie, nach draußen zu gehen und einen Spaziergang zu machen. Sie gehen über eine Brücke, unter der ein reißender Strom hindurchfließt. Statt auf der Brücke zu bleiben, klettern Sie auf das Geländer, das ja eigentlich verhindern sollte, dass Menschen in den Fluss fallen. Schließlich wissen Sie ja, dass Ihnen nichts passieren kann.

Als Sie den höchsten Punkt in der Mitte erreichen, rutschen Sie aus und verlieren das Gleichgewicht. Sie können gerade noch verhindern, dass Sie abstürzen. Aber die Erfahrung hat Ihr Selbstvertrauen erschüttert. Langsam steigen Sie vom Geländer herunter und gehen auf der Brücke weiter. Plötzlich fühlen Sie sich sehr klein und sehr sterblich. Sie erkennen, dass der Zeichentrickfilm Ihnen suggeriert hat, Sie seien unbesiegbar, und dass Sie dies geglaubt haben. Sie setzen sich hin und spüren, dass Ihr Atem sehr schwer geht.

Sie senken den Kopf, um sich zu entspannen, und während Sie dies tun, spüren Sie eine Präsenz vor sich. Sie schauen auf und sehen einen wunderschönen Engel vor sich stehen. Sie lächeln, da Sie wissen, dass der Engel Sie beschützt hat, und bedanken sich bei ihm. Sie erkennen, dass er Ihnen geholfen hat, zu verstehen, wie leicht man in eine ungute Situation hineingezogen werden kann. Sie wissen, dass Sie Ihrer Inspiration vertrauen und Ihrem Herzen folgen müssen, um dies in der Zukunft zu vermeiden.

Mit diesem Gedanken kehren Sie erleuchtet an Ihren Wohlfühlplatz zurück.

Empfangen Sie ein Gefühl der Liebe und des Schutzes Ü

1. Schauen Sie sich Foto Nummer 6 an.
2. Schließen Sie die Augen und entspannen Sie sich.
3. Denken Sie an jemanden, der ins Licht gegangen ist. Vielleicht ist diese Person schon gestorben, bevor Sie geboren wurden, zum Beispiel Ihre Großmutter oder Ihr Großvater, zu dem Sie eine starke Bindung spüren.
4. Bitten Sie Erzengel Michael, seinen Geist zu Ihnen zu bringen.
5. Stellen Sie sich vor, dass Sie ganz in Erzengel Michaels dunkelblaue Energie eingehüllt sind.
6. Spüren Sie die Liebe, die der andere Mensch für Sie empfindet.
7. Senden Sie auch ihm Liebe. Danken Sie ihm, dass er gekommen ist und lassen Sie ihn wieder gehen.
8. Achten Sie auf Ihre Gefühle. Öffnen Sie dann die Augen.

FOTO NUMMER 7 (SEITE 52): DAS WISSEN EMPFANGEN, DASS DIE ENGEL UNS BEHÜTEN, WENN WIR IN DER NATUR SIND

Meditation: Schlangen und Leitern M

Stellen Sie sich vor, Sie wären von Kopf bis Fuß in Thermokleidung eingehüllt. An den Füßen tragen Sie Schneeschuhe mit Spikes. Sie klettern einen steilen Gletscher empor, der von tiefen Spalten überzogen ist. Die Sonne scheint, und der Glanz blendet Sie. Der Gletscher sieht in seiner blassblauen, fast durchsichtigen Farbe wunderbar aus.

Sie sind allein, aber Sie wissen, dass Sie sicher von Ihren Engeln geführt werden. Sie tragen Sicherheitsgurte und sind bei jedem Schritt angeseilt. Sie sind schon drei Stunden lang geklettert und werden langsam müde. In Wahrheit sind Sie ein bisschen selbstzufrieden geworden. Sie sind nicht mehr so auf Ihre Führer eingestimmt wie zu Beginn des Tages. Sie befestigen das Seil, um das nächste Stück in Angriff zu nehmen.

Dann treten Sie auf ein Stück Eis, das unter Ihrem Gewicht nachgibt, sodass Sie ein ganzes Stück in eine Spalte hinunterstürzen. Plötzlich gibt es einen Ruck, weil das Seil gehalten hat. Sie hängen nun in Ihren Sicherheitsgurten. Den Boden der Spalte können Sie nicht erkennen. Ihnen wird klar, dass Sie besser angehalten hätten, um sich auszuruhen oder Ihr Lager für die Nacht aufzuschlagen. Aber Sie haben dieses »Wissen« ignoriert und sind weitergelaufen.

Sie spüren keine Panik. Sie überlegen sich nur, was Sie jetzt tun sollen. Wieder überkommt Sie eine vollkommene Klarheit. Sie wissen, dass Sie nur hin- und herzuschwingen brauchen, um einen Vorsprung in der Spalte zu erreichen. Von dort führt ein Pfad nach oben auf den Gletscher.

Genau in diesem Augenblick wird Ihnen klar, dass Sie immer vollkommen geführt werden. Sie begreifen, dass das Leben wie das Leiterspiel (Schlangen und Leitern) sein kann, und dass alles davon abhängt, ob Sie Ihre Führung und Inspiration ignorieren oder auf sie hören. Mit diesem erleuchteten Bewusstsein kehren Sie zurück an Ihren Wohlfühlplatz.

Ü Die Erfahrung, dass die Engel Sie beschützen, wenn Sie in der Natur sind

1. Schauen Sie sich Foto Nummer 7 an.
2. Rufen Sie Ihren Schutzengel und Erzengel Gabriel an.
3. Machen Sie einen Spaziergang auf dem Land, in einem Park oder am Strand.

4. Während Sie gehen, spüren Sie die Präsenz Ihrer Führer und Beschützer.
5. Versuchen Sie genau zu spüren, wo diese sich befinden.
6. Achten Sie darauf, wie Sie sich fühlen, wenn Sie spüren, wie sehr Sie beschützt werden.
7. Wenn Sie zurück sind, bedanken Sie sich bei Ihren Beschützern. Seien Sie gewiss, dass diese Ihnen durch Ihr Vertrauen noch nähergekommen sind.

FOTO NUMMER 8 (SEITE 60): DIE UMWANDLUNG VON ANGST IN SELBSTVERTRAUEN ERFAHREN

Dies ist eine Erfahrung, die mir Wywyvsil gewährte, als ich in diesen Orb eintrat:

»Wenn Schutzengel sich wie auf diesem Foto versammeln, bekomme ich das Gefühl eines kollektiven mütterlichen Schutzes. Das Gefühl unterscheidet sich deutlich von der Sanftheit, die ich bei einem einzelnen Schutzengel spüre. Ich erhasche einen kleinen Blick auf die Verantwortung, die sie tragen. Sie sind ganz sicher eine Kraft, mit der zu rechnen ist. Die Schutzengel auf diesem Foto mussten die Leute beschützen und teilen mir voller Freude mit, dass es ihnen gelungen war.«

Meditation: Selbstvertrauen und Klarheit

M

Stellen Sie sich vor, Sie stünden auf einer Klippe und schauten aufs Meer hinaus. Die Luft ist sehr frisch, und Sie spüren, dass sich ein Sturm zusammenbraut. Sie bemerken, dass der Wind an Stärke zunimmt. Die Wellen fangen an sich aufzutürmen, und Sie können hören, wie sie gegen die Felsen krachen.

Nun bläst der Wind wirklich sehr stark. Sie stemmen die Füße in den Boden, breiten die Arme aus und werfen den Kopf in den Nacken. Sie fühlen sich unglaublich stark. In diesem

Moment wird Ihnen klar, dass Ihr Schutzengel neben Ihnen steht. Diese Erkenntnis macht Sie sehr glücklich. Sie drücken die Brust heraus, atmen tief ein und schreien in den Sturm: »Ich habe keine Angst, ich heiße deine Energie willkommen.«

Kaum haben Sie diese Worte gerufen, werden Sie in ein Licht gehüllt, das alles um Sie herum erhellt. Dies stärkt Ihr Selbstvertrauen noch weiter, und Sie spüren, dass Sie inmitten des tobenden Sturmes von einem großen inneren Frieden erfüllt sind. Sie wissen, dass Sie die Kraft und den Mut haben, jede Gelegenheit zu ergreifen, die sich Ihnen bietet.

Im Moment dieser Erkenntnis lässt der Sturm nach, und die Sonne bricht durch die Wolken. Die Sonne überschüttet Sie mit Licht und Liebe. Die Wärme und Klarheit, die Sie dabei spüren, bringen Sie zurück an Ihren Wohlfühlplatz.

Ü Die Engel helfen, Angst in Selbstvertrauen zu verwandeln

1. Schauen Sie sich Foto Nummer 8 an.
2. Konzentrieren Sie sich auf eine Ihrer Ängste und fassen Sie sie in Worte. Wenn Sie dies nicht möchten, denken Sie einfach ganz konzentriert an eine Ihrer Ängste.
3. Sagen oder denken Sie: »Ich rufe nun meinen Schutzengel an und bitte ihn, mir zu helfen, diese Angst zu verwandeln und mir Selbstvertrauen zu bringen.«
4. Atmen Sie in den Solarplexus hinein und stellen Sie sich eine goldene Kugel aus Licht und Weisheit vor.
5. Sie können diese Übung so oft machen, wie es nötig ist.

FOTO NUMMER 9 (SEITE 65): DIE GEWISSHEIT VOM UNIVERSUM EMPFANGEN, DASS FÜR SIE LIEBE DA IST

Meditation: Liebe empfangen

M

Stellen Sie sich vor, Sie spazieren einfach so vor sich hin. In der Ferne sehen Sie etwas und gehen darauf zu. Sie entdecken, dass es sich dabei um eine Rolltreppe handelt. Sie steigen auf und werden langsam nach oben befördert, durch die Wolken hindurch, bis Sie zu einer Tür kommen. Diese öffnet sich und Sie treten ein. Sie befinden sich nun in einem Zimmer ohne Türen und Fenster und auch der Eingang, durch den Sie gerade gekommen sind, ist verschwunden. Sie gehen umher und sehen sich nach einer Möglichkeit um, den Raum wieder zu verlassen. Ziemlich schnell merken Sie, dass es keinen Ausgang gibt. Sie setzen sich auf den Boden und denken über Ihre Lage nach.

Vor Ihnen flattert langsam ein Zettel zu Boden. Sie heben ihn auf und lesen: »Bist du bereit, Liebe zu empfangen?« Nichts geschieht, aber Sie fangen an, über die Frage nachzudenken. Je mehr Sie die Einladung annehmen, desto mehr Liebe und Licht erfüllen das Zimmer und tief in Ihrem Innern breitet sich ein angenehm warmes Gefühl aus.

Je mehr Sie die Liebe annehmen, desto mehr Licht scheint auf Sie herab. Langsam verschwinden die Wände des Zimmers. Sie stellen fest, dass Sie sich in den Schwingen eines Liebesengels befinden. Sie wissen, dass Sie nun bereit sind, ein Übermaß an Liebe in Ihrem Leben zuzulassen. Mit dieser Erkenntnis und gebadet in reine weiße Engelsliebe kehren Sie wieder an Ihren Wohlfühlplatz zurück.

Rufen Sie einen Liebesengel an

Ü

Eine Anrufung ist eine sehr wirkungsvolle Methode, um die Kräfte des Universums dazu zu bewegen, Ihnen zu helfen. Legen Sie Ihr ganzes Herz und Ihre ganze Seele in die Anrufung.

1. Schauen Sie sich Foto Nummer 9 an.
2. Zünden Sie eine Kerze an und weihen Sie sie der Liebe.
3. Sagen Sie laut oder denken Sie: »Im Namen Gottes rufe ich nun einen Liebesengel zu mir.«
4. Vertrauen Sie darauf, dass einer der Liebesengel auf Ihren Ruf reagiert hat und bei Ihnen ist.
5. Halten Sie einen Moment inne und gestatten Sie seinem Licht und seiner Liebe, Sie ganz einzuhüllen.
6. Lassen Sie die Liebe in jede Ihrer Zellen strömen.
7. Nun, da Sie wissen, dass Sie vollkommen geliebt werden und liebenswert sind: Fühlen Sie sich irgendwie anders? Können Sie nun liebevoll auf andere Menschen zugehen?

FOTO NUMMER 10 (SEITE 66): EIN BEWUSSTSEIN FÜR DIE BEDINGUNGSLOSE LIEBE DER TIERE EMPFANGEN

Wenn Sie sich dieses Foto anschauen, können Sie die Überraschung im Gesicht des kleinen Hundes sehen. Sie sehen, dass er zwar überrascht ist, aber keine Angst hat. Dieses wunderbare Tier befindet sich in völligem Frieden mit den Engeln.

Ü Eine Übung, um die bedingungslose Liebe der Tiere zu spüren

1. Schauen Sie sich Foto Nummer 10 an.
2. Wenn Sie wieder einmal mit einem Tier zusammen sind, rufen Sie still einen Liebesengel an und bitten Sie ihn, das Tier und Sie einzuhüllen.
3. Wenn es Ihnen möglich ist, streicheln Sie das Tier. Wenn Sie das nicht können, stellen Sie sich vor, dass Sie es streicheln. Wie fühlt es sich an? Können Sie das Tier riechen?
4. Spüren Sie, wie sich Ihr Herz öffnet, um die ganze Liebe dieses Geschöpfes zu empfangen.

5. Lassen Sie sich von Kopf bis Fuß von dieser Liebe erfüllen.
6. Danken Sie dem Tier, dass es Sie so bedingungslos liebt.
7. Immer wenn Sie ein Tier sehen, schicken Sie ihm bedingungslose Liebe.

FOTO NUMMER 11 (SEITE 70): BEDINGUNGSLOSE LIEBE FÜR SICH SELBST UND DIE LIEBE VON DENEN EMPFANGEN, DIE IN DER GEISTIGEN WELT SIND

Empfangen Sie die bedingungslose Liebe aus der geistigen Welt für sich selbst und für Ihre Lieben

Ü

1. Schauen Sie sich Foto Nummer 11 an.
2. Denken Sie an Freunde und Ihnen liebe Menschen, die bereits in der geistigen Welt sind, und stellen Sie sich vor, wie diese auf Sie herablächeln und Ihnen Liebe schicken. Öffnen Sie Ihr Herz, um diese Liebe zu empfangen.
3. Gedenken Sie nun all Ihrer verstorbenen Vorfahren, gleich, ob Sie diese gekannt haben oder nicht. Selbst wenn Sie sich von ihnen zu Lebzeiten nicht geliebt gefühlt haben, so haben sie doch nun ihr Ego und ihren irdischen Müll losgelassen, der sie daran gehindert hat, liebevoll zu Ihnen zu sein.
4. Da Ihre Vorfahren nun in der geistigen Welt leben, hat sich ihr Bewusstsein erweitert. Sie überschütten Sie mit Liebe.
5. Seien Sie gewiss, dass Sie um Ihrer selbst willen geliebt werden. Ganz gleich, wie gut oder schlecht, erfolgreich oder erfolglos, klug oder nicht so klug Sie auch sein mögen, sie lieben Sie. Sie sehen Ihre Schmerzen, Ihre Kämpfe und Enttäuschungen und lieben Sie mehr als je zuvor.
6. Legen Sie eine Hand auf Ihr Herz und spüren Sie, wie es sich öffnet, um all diese Liebe zu empfangen.
7. Schicken Sie diese Liebe Ihren Freunden und Ihrer Familie weiter.

FOTO NUMMER 12 (SEITE 71): DAS BEDÜRFNIS ERWECKEN, MIT TIEREN KONTAKT AUFZUNEHMEN, UND DEN FRIEDEN ZU SPÜREN, DER DARAUS ERWÄCHST

M Meditation: Harmonie

Stellen Sie sich vor, Sie säßen mitten auf einem See auf einem Floß. Sie sitzen ganz entspannt im Schneidersitz. Ihr Gesicht ist der Sonne zugewandt, die warm und sanft auf Sie herunterscheint. Manchmal spüren Sie eine kleine Welle, die das Floß schaukeln lässt, aber ansonsten ist es ganz still.

Während Sie so dasitzen, spüren Sie, wie die Energie der Elemente langsam in Sie eindringt. Die Sonne schenkt Ihnen vibrierende Energie, die sanfte Luft auf Ihrem Gesicht und Ihrer Haut ist frisch und rein, die Energie der Erde bringt inneren Frieden und ist gleichzeitig Nahrung, und Sie spüren, wie das Wasser Ihre Energie erneuert. Es fühlt sich einfach wunderbar an.

Jetzt merken Sie, dass sich Ihre Atmung verändert und dass sie den Rhythmus des Sees angenommen hat. Ihre Atmung ist eins mit dem See, eins mit der Luft, der Sonne und der Erde geworden. Sie sind friedvoll und in Harmonie mit sich selbst und den Elementen.

Während Sie sich immer mehr entspannen, steigt vor Ihnen ein wunderschöner Drache aus dem Wasser auf. Er hat eine blaugraue Färbung, seine Haut ist glatt, und er ist herrlich anzusehen. Er senkt seine Schultern und lädt Sie ein, auf seinen Rücken zu steigen, was Sie bereitwillig tun. Er richtet sich wieder auf, und Sie spüren unter sich seine kräftigen Muskeln, die sich zum Abheben anspannen.

Und so beginnt er, sich langsam in die Lüfte zu erheben. Die Kraft des Windes, der gegen Ihren Körper drückt, wirkt belebend auf Sie, und Sie sind überglücklich, mit dem Drachen fliegen zu dürfen. Nun bemerken Sie, dass noch ein anderer Drache Sie begleitet. Gemeinsam rauschen die beiden dahin, als seien sie der Wind selbst. Sie fliegen zu einem Vulkan, wo ein weiterer Drache aus den Flammen in seinem Innern auftaucht.

Mit sich bringt er die Energie der Schöpfung, und gemeinsam fliegen die Drachen zum Mittelpunkt der Erde, durch verzweigte Höhlen und Tunnelsysteme hindurch. Sie haben die große Ehre, mit diesen wunderbaren Wesen fliegen zu dürfen.

Im Erdkern wartet ein weiterer Drache auf Sie. Gemeinsam fliegen alle zurück zu Ihrem Floß. Als Sie absteigen und sich wieder aufs Floß setzen, tun Sie das in dem Bewusstsein, dass Sie in perfekter Harmonie vom Wunder der Natur umgeben sind. Die Drachen bringen die Kräfte von Erde, Wind, Feuer und Wasser zu Ihnen. Sie werden geliebt und beschützt und sind vollkommen eins mit der Natur und den Drachen.

Mit dieser Erkenntnis wissen Sie auch, dass Sie eine größere Bestimmung haben als bisher angenommen. Mit diesem Gedanken und voll von der Liebe und Unterstützung der Drachen kehren Sie wieder an Ihren Wohlfühlplatz zurück.

Wie man sich mit Tieren verbindet und den daraus resultierenden Frieden genießt

Ü

1. Schauen Sie sich Foto Nummer 12 an.
2. Suchen Sie sich einen ruhigen Ort, an dem Sie ungestört sein können.
3. Zünden Sie eine Kerze oder ein Räucherstäbchen an. Wenn möglich, stellen Sie ruhige Musik an.
4. Schließen Sie die Augen, atmen Sie gleichmäßig, bis Sie sich ganz entspannt fühlen.
5. Visualisieren Sie, dass sich Ihnen ein Einhorn nähert. Es ist strahlend weiß, und sein Horn strahlt Licht aus.
6. Das Einhorn beugt seinen Kopf und berührt Ihr Herz mit der Spitze seines Horns. Vielleicht spüren Sie, wie Ihr Herz weiter wird oder wie es anfängt zu glühen.

7. Das Einhorn legt sich neben Ihnen nieder. Sie fühlen sich friedvoll und sicher.
8. Nun kommen verschiedene Tiere mit friedfertigen Herzen auf Sie zu. Darunter sind ausgewachsene Tiger, aber auch Welpen. Begrüßen Sie sie alle. Schauen Sie ihnen in die Augen und tauschen Sie Liebe und Frieden aus.
9. Dann bedanken Sie sich bei allen Tieren, die zu Ihnen gekommen sind.
10. Bedanken Sie sich bei Ihrem Einhorn und empfangen Sie eine Botschaft von ihm. Schauen Sie dann zu, wie es aufsteht und davontrabt.
11. Öffnen Sie die Augen und achten Sie darauf, wie sich Ihr Herz anfühlt.

Natürlich ist es noch wirkungsvoller, die Schritte 8 und 9 mit tatsächlich anwesenden Tieren auszuführen.

FOTO NUMMER 13 (SEITE 73): HEILUNG FÜR DIE SEELE EMPFANGEN

M Meditation: Was ist Liebe?

Stellen Sie sich vor, Sie wären sieben Jahre alt und säßen glücklich und zufrieden in einem Klassenzimmer. Die Lehrerin fragt: »Was ist Liebe?« Ein Mädchen antwortet: »Liebe ist, wenn mein Vater sagt, dass er mich liebt.« Ein Junge antwortet: »Wenn mein Hund sich freut, weil ich nach Hause komme.« Ihre beste Freundin meint: »Wenn meine Mutti mich in den Arm nimmt.« Die Lehrerin nickt und meint, Liebe sei doch etwas Tolles.

Sie bittet Sie, sich vorzustellen, wie Sie sich wohlfühlen würden, wenn Sie jemandem Ihre Liebe geben. Sie antworten: »Ich fühle mich als etwas Besonderes, ich fühle mich gewollt und sicher, und es macht mich glücklich.« »Aha«, sagt die Lehrerin, »lieben hat also etwas mit dir selbst zu tun, oder?« Sie schauen

Ihre Freunde an, die wiederum Sie anschauen. Alle wirken etwas verloren und können keine Antwort geben.

Ihre Lehrerin ist eine sehr nette Frau, immer mit einem Lächeln im Gesicht, und sie kann sehen, dass die Kinder verwirrt sind. Um ihnen zu helfen, Liebe besser zu verstehen, schlägt sie ein Spiel vor. Sie bittet die blonden Kinder, sich auf die rechte Seite des Klassenzimmers zu stellen, und die anderen Kinder sitzen zu bleiben.

Die blonden Kinder sollen die Mütter und Väter der anderen Kinder spielen. Sie sind ein solches blondes Kind. Eines der braunhaarigen Kinder kommt zu Ihnen und ruft: »Mutti, schau dir mal das Bild an, das ich gemalt habe. Ist es nicht toll?« Sie antworten: »Ja, es ist ganz toll.«

Aber das Bild interessierte Sie nicht wirklich, und Sie sahen ein bisschen mürrisch aus, als Sie geantwortet haben. Das braunhaarige Kind geht weg. Ihre Antwort hat es traurig gemacht. Im selben Moment fängt Ihr Herz an zu schmerzen, und Sie fühlen sich mies, weil Sie sehen können, dass Sie das Kind enttäuscht haben. Da erkennen Sie, dass Liebe etwas mit Geben und Nehmen zu tun hat.

Sie gehen zum Kind hinüber und entschuldigen sich. »Es tut mir leid, ich meine, dein Bild ist ganz toll, und es gefällt mir sehr.« Augenblicklich hellt sich die Miene des braunhaarigen Kindes auf, und es umarmt Sie. Sie sehen, dass die Lehrerin Ihnen zulächelt. Sie weiß, dass Sie begriffen haben, worum es bei der Liebe geht. Mit diesem Gefühl kehren Sie voller Liebe und Zufriedenheit wieder an Ihren Wohlfühlplatz zurück.

Visualisierung, um Heilung für Ihre Seele zu empfangen Ü

1. Suchen Sie sich einen ruhigen Platz, an dem Sie nicht gestört werden können.
2. Schauen Sie sich Foto Nummer 13 an, schließen Sie dann die Augen und entspannen Sie sich. Konzentrieren

Sie sich bei der Einatmung auf Liebe und bei der Ausatmung auf Frieden.

3. Denken Sie an etwas, das Ihre Seele befriedigen würde: Liebe, Frieden, berufliche Erfüllung, Kreativität, Freundschaft, Freude oder Dienst am Nächsten. Stellen Sie sich vor, wie Ihr Leben aussehen würde, wenn Sie diese Dinge verwirklicht hätten.
4. Spüren Sie, dass Erzengel Michael Sie in ein strahlendblaues Licht hüllt, und Ihnen dadurch Kraft und Mut gibt.
5. Fühlen Sie, wie Erzengel Zadkiels violettes Licht die Zellen Ihres Körpers füllt und alles umwandelt, was verhindert, dass Ihre Seele Erfüllung findet.
6. Bitten Sie Erzengel Raphael seine grüne Heilenergie in Ihr Wesen einströmen zu lassen.
7. Entspannen Sie sich in das Gefühl hinein, das damit verbunden ist, und vertrauen Sie darauf, dass nun neue Dinge in Ihr Leben treten werden.
8. Bedanken Sie sich bei der geistigen Hierarchie für die Hilfe, die sie Ihnen gewährt hat.

FOTO NUMMER 14 (SEITE 74): DAS WISSEN EMPFANGEN, DASS DIE MENSCHEN IHR BEWUSSTSEIN ERWEITERN MÜSSEN, UM DIE TIERE MEHR ZU RESPEKTIEREN

Ü Eine Übung, um allen Menschen zu helfen, die Tiere mehr zu respektieren

1. Schauen Sie sich Foto Nummer 14 an.
2. Denken Sie an ein Tier. Das kann ein Löwe oder eine Maus, ein Pferd oder ein Affe sein. Wenn möglich, betrachten Sie ein echtes, lebendes Tier.
3. Denken Sie darüber nach, von welchem Planeten oder aus welchem Universum dieses Tier wohl stammen mag.

4. Warum hat es sich wohl auf der Erde inkarniert?
5. Was will es hier lernen? Was will es hier lehren?
6. Welche Eigenschaften soll es hier entwickeln?
7. Welche Erkenntnisse wird es mit auf seinen Heimatplaneten nehmen?
8. Wenn Sie mit ihm reden könnten, was würden Sie dem Tier gerne mitteilen? Übermitteln Sie ihm Ihre Botschaft auf telepathischem Weg.
9. Haben Sie eine Antwort bekommen? Wenn Sie sie hören könnten, wie würde sie lauten?
10. Danken Sie dem Tier für seinen Mut, auf die Erde zu kommen, und für seinen Beitrag zur Vielfalt des Lebens.
11. Achten Sie darauf, ob sich Ihre Gefühle für das Tier verändert haben.

FOTO NUMMER 15 (SEITE 78): FREUDE UND HEILUNG ERFAHREN

Dies ist eine Erfahrung, die mir Wywyvsil gewährte, als ich in diesen Orb eintrat:

»Als ich in das Energiefeld des Orbs eintrete, spüre ich, dass mein Körper anfängt zu vibrieren. Ich erfahre, dass jeder Orb einen einzigartigen Klang hat. Dessen Schwingungen können in den Zellen unseres Körpers gefühlt werden und daraufhin schwingen wir in Harmonie mit der gesamten Natur. Ich bin erstaunt, dass alles seine eigene Schwingung, Lautstärke und Tonlage hat. Ich erfahre, dass die Fähigkeit, anderen Menschen Gesundheit und Fülle zu schenken, jenen geschenkt wird, welche diese Energie verstehen und sie zum höchsten Wohl aller einsetzen. Durch die Arbeit mit diesem Orb beginnt die Erkundungsreise.«

Ü Eine Übung, um Freude und Heilung durch Klänge zu empfangen

1. Schauen Sie sich Foto Nummer 15 an.
2. Spielen, summen oder hören Sie ein schönes Lied.
3. Rufen Sie Fekorm an und bitten Sie ihn, Ihnen dabei zu helfen, die Freude und Heilung, die in den Klängen enthalten ist, tief in Ihre Zellen aufzunehmen.
4. Spüren Sie, wie sich die Energie tief in Ihrem Innern bewegt.

FOTO NUMMER 16 (SEITE 81): SCHUTZ EMPFANGEN UND DIE GEWALTIGE MACHT DES KLANGS ERKENNEN

M Meditation: Heilung durch Klang

Stellen Sie sich vor, Sie stünden zwischen zwei Säulen. Sie drücken eine Hand und einen Fuß gegen jede der beiden, legen den Kopf in den Nacken und schließen die Augen. Wenn Sie das tun, dringt eine starke Energie in Ihren Körper ein, und der Boden unter Ihnen verschwindet. Sie glauben fest daran, dass Sie trotzdem nicht fallen werden. Sie schauen sich um und erkennen, dass Sie sich in einer Sphäre befinden.

Die Sphäre wird von goldenem Licht erfüllt, und Sie können einen leisen Summton hören. Das Summen wird immer lauter. Sie fangen an, sich jeder Zelle Ihres Körpers bewusst zu werden. Das goldene Licht und die Schwingung des Klangs erfüllen Ihren ganzen Körper. Ihr Körper fängt an zu vibrieren. Sie spüren, wie heilsam das ist.

Sie erkennen, dass Sie Unreinheiten in sich haben, die sich nicht im Einklang mit dem Klang und dem goldenen Licht befinden. Sie lassen los und treiben langsam in das Zentrum einer kristallenen Klangschale hinein. Um die große Klangschale herum sind viele Gongs in verschiedenen Größen und ganz winzige Klangschalen angeordnet. Während Sie so in der großen Klangschale liegen, wird Ihnen bewusst, dass manche Ihrer Zellen immer noch nicht im richtigen Frequenzbereich schwingen. Sie machen es sich in der Klangschale bequem und konzentrieren sich auf die Zellen, die noch Verunreinigungen aufweisen. Sie bitten die Engel, Ihren Zellen Heilung zu gewähren. Und sofort überwältigt Sie ein ganz und gar erstaunlicher Klang.

Der Klang erfüllt Ihren innersten Kern. Sie beobachten, wie jede Zelle genau die Heilung erfährt, die sie braucht. Sieben Mal schwillt der Klang zu einem Crescendo an. Lassen Sie sich Zeit, damit Sie sicher sein können, dass jede Ihrer Zellen die notwendige Heilung erfahren hat. Wenn die letzte Zelle ihr Klangbad genommen hat, wird der Klang wieder leiser. Schließlich bleibt nur der herrliche Klang der Stille zurück. Während Sie so daliegen, genießt Ihr Körper das herrliche Gefühl, energetisiert und gereinigt zu sein. Lassen Sie sich noch einen Augenblick Zeit und kehren Sie dann an Ihren Wohlfühlplatz zurück.

Eine Übung, um Ihren Schutz zu verstärken und die gewaltige Macht des Klangs verstehen zu lernen

Ü

1. Schauen Sie sich Foto Nummer 16 an.
2. Spielen Sie ein erhebendes Musikstück.
3. Schließen Sie die Augen und visualisieren Sie, dass Erzengel Michaels dunkelblauer Orb Sie beschützt.
4. Stellen Sie sich vor, dass Erzengel Zadkiel sein violettes Licht über Ihnen platziert, um jede Form niederer Energie umzuwandeln.
5. Bitten Sie Fekorm, Ihnen dabei zu helfen, die gewaltige Macht der Klänge zu verstehen, denen Sie zuhören.
6. Entspannen Sie sich und lassen Sie die Engel und die Musik Ihre Arbeit tun.

FOTO NUMMER 17 (SEITE 87): DIE ERLAUBNIS DER VERSTORBENEN ERHALTEN, DAS EIGENE LEBEN WEITERLEBEN ZU DÜRFEN

M Meditation: Die Dinge wieder ins Lot bringen

Stellen Sie sich vor, Sie säßen auf einem großen flachen Stein mitten im Wald. In Ihrer Hand halten Sie einen leeren Notizzettel. Sie starren ihn an und wissen nicht, was Sie damit anfangen sollen. Sie sind verwirrt, denn Sie sind nach einem Streit mit Ihren Eltern von zu Hause fortgelaufen.

Ihre Aufmerksamkeit wird weg vom Zettel und auf ein wunderschönes weißes Licht gelenkt, das durch die Bäume scheint. Das Licht kommt auf Sie zu. Sie sind von seiner Schönheit überwältigt und schauen ihm erwartungsvoll und voller Interesse entgegen. Als es bei Ihnen ankommt, wird Ihnen klar, dass Sie sich in der Gegenwart eines Einhorns befinden. Es kommt direkt auf Sie zu und senkt seinen Kopf, damit Sie es streicheln können. Langsam heben Sie die Hand und streicheln seine Nüstern. Als Sie das Einhorn berühren, spüren Sie, wie sein mächtiges Horn sanft Kontakt zu Ihrem dritten Auge aufnimmt.

In diesem Augenblick sehen Sie Ihre Familie krank vor Sorge zu Haus. Sie haben Angst um Sie und weinen und klagen, weil sie nicht wissen, was sie tun sollen. Das Einhorn macht einen Schritt zurück und schaut Ihnen direkt in die Augen. Es konzentriert sich ganz auf Sie, und Sie können nicht mehr kontrollieren, was Sie fühlen. Ihr Herz droht zu platzen. Sie erkennen ohne den Hauch eines Zweifels, wie sehr Sie Ihre Familie lieben. Mit dieser Erkenntnis unterbricht das Einhorn den Augenkontakt und trabt ein paar Schritte zurück.

Sie erinnern sich wieder an den Notizzettel. Auf ihm steht: »Ich liebe mich, ich liebe mich, und ich vergebe mir.« Sie wollen schnell nach Hause zurück in die Arme Ihrer Familie.

Das Einhorn hebt den Kopf und schaut Sie an. Im selben Augenblick blitzt ein helles Licht auf und hüllt Sie ganz ein.

Als das Licht verschwindet, merken Sie erstaunt, dass Sie vor Ihrer Haustür stehen. Sie sind so aufgeregt. Sie öffnen die Tür und gehen schnell hinein. Ihre Familie ist so glücklich, Sie zu sehen, und Sie sind ganz außer sich vor Freude. Nie war das Leben besser. Sie schauen auf den Notizzettel in Ihrer Hand, aber dort sehen Sie nur eine schneeweiße Feder. Sie wurde Ihnen in Liebe geschenkt. Lächelnd und glücklich umarmen Sie Ihre Familie. Sie bewahren sich dieses Glücksgefühl eine Weile, bis es an der Zeit ist, an Ihren Wohlfühlplatz zurückzukehren.

Erhalten Sie von der geistigen Welt die Erlaubnis, Ihr Leben weiterzuleben

Die Orbs auf Foto Nummer 17 werden allen Trauernden helfen, ihr Leben weiterzuleben und sich wieder daran zu erfreuen. Denken Sie daran, dass das Leben nicht nur für Sie, sondern auch für jene weitergeht, die in der geistigen Welt sind. Sie sind nur einen Gedanken weit weg, und die Engel bringen sie zu Ihnen, wann immer sie Sie besuchen wollen. Wenn Sie an Ihrer Trauer festhalten, halten Sie auch Ihre verstorbenen Lieben zurück.

1. Schauen Sie sich Foto Nummer 17 an.
2. Schließen Sie die Augen und entspannen Sie sich.
3. Bitten Sie Erzengel Gabriel, Ihre Lieben zu sich zu bringen. Spüren Sie deren Präsenz und die Liebe, die von ihnen ausgeht.
4. Sehen Sie Ihre Lieben deutlich vor sich.
5. Hören Sie, wie sie Ihnen die Erlaubnis geben, Ihr Leben weiterzuleben.
6. Danken Sie ihnen dafür und sagen Sie ihnen, dass Sie sie freigeben, um Erfahrungen in der geistigen Welt machen zu können.

7. Überlegen Sie sich, was Sie Neues machen könnten.
8. Bitten Sie die Einhörner, Ihnen dabei zu helfen, sich aus Ihrem Kokon zu befreien und Ihre Flügel auszubreiten.

FOTO NUMMER 18 (SEITE 88): EINE DIREKTE VERBINDUNG ZU DEN EINHÖRNERN FINDEN

Ü So erhalten Sie eine direkte Verbindung zu den Einhörnern

1. Schauen Sie sich Foto Nummer 18 an.
2. Schließen Sie die Augen und atmen Sie die Energie des Einhorn-Orbs ein.
3. Visualisieren Sie, dass Ihr Einhorn zu Ihnen kommt. Sie sehen ein wunderschönes weißes Pferd, aus dessen drittem Auge ein Horn aus Licht hervorstrahlt.
4. Streicheln Sie Ihr Einhorn und schauen Sie ihm in die Augen.
5. Das Einhorn hat Ihnen etwas Wichtiges mitzuteilen. Hören Sie ihm zu und kommunizieren Sie auf telepathischem Weg mit ihm.
6. Danken Sie ihm, dass es zu Ihnen gekommen ist.
7. Öffnen Sie die Augen und seien Sie sich von nun an täglich der Einhorn-Energie in Ihrem Leben bewusst.

FOTO NUMMER 19 (SEITE 89): LIEBE UND HEILUNG IN DER GEWISSHEIT EMPFANGEN, DASS SIE AUCH FÜR VERWANDTE UND FREUNDE DA IST

M Meditation: Begegnen Sie Ihren Lieben

Stellen Sie sich vor, Sie wären auf einem Rummelplatz. Es ist dort sehr voll, die Menschen stehen vor den Bahnen in langen Schlangen an und die ganze Atmosphäre ist elektrisierend. Sie sind ganz aufgeregt. Sie schieben sich durch die Menge und merken plötzlich, dass sich vor Ihnen ein Stand befindet, den sonst niemand zu sehen scheint.

Neugierig geworden gehen Sie hinüber. Sie sehen einen Zug, der durch eine wunderschöne Umgebung fährt. Der Schausteller öffnet die Tür, damit Sie einsteigen können. Neben Ihnen befindet sich noch ein freier Sitz. Der Zug setzt sich in Bewegung. Er fährt durch einen Garten voller farbenfroher duftender Blumen. Sie fahren auch an einem kleinen Wasserfall vorbei, der im Sonnenlicht glänzt. Sie hören verschiedene Vögel singen.

Der Zug hält an, und Ihnen fällt zum ersten Mal auf, dass nun jemand neben Ihnen sitzt. Sie drehen sich zu ihm hin und sehen, dass neben Ihnen jemand sitzt, den Sie einmal sehr geliebt haben und der nun in der geistigen Welt lebt. Sie können diese Person ganz deutlich sehen und jedes ihrer Worte hören. Sie sind in diesem Augenblick vollkommen präsent. Sie merken gar nicht, dass sich der Zug wieder in Bewegung gesetzt hat.

Der Zug fährt durch verschiedene Landschaften, aber nichts lenkt Sie von Ihrer Unterhaltung ab. Wenn Sie diese beendet haben, hält der Zug neben einer Bank an. Sie steigen beide aus und umarmen sich.

Ihr Angehöriger setzt sich auf die Bank und sagt Ihnen, dass Sie nur darum bitten müssen, wenn Sie sich wieder mit ihm unterhalten möchten. Er wird darauf warten und kommen, wenn er gerufen wird. Mit der Erinnerung an diese wunderbare Reise kehren Sie an Ihren Wohlfühlplatz zurück und wissen nun, dass Sie jederzeit mit Ihren Lieben in Kontakt treten können.

Ü Empfangen Sie Liebe und Heilung und die Gewissheit, dass auch Ihre Lieben diese empfangen

Um diese Übung zu machen, muss Ihr Angehöriger nicht verstorben sein. Er kann Liebe und Heilung empfangen, auch wenn er sich noch in einem physischen Körper befindet.

1. Schauen Sie sich Foto Nummer 19 an.
2. Pflücken oder kaufen Sie einen Blumenstrauß, segnen Sie ihn und weihen Sie ihn Ihrem Angehörigen.
3. Wenn Ihr Angehöriger verschieden ist, können Sie auch das Grab aufsuchen oder in Ihrem Garten oder auf dem Balkon eine Ecke für ihn einrichten. Wenn Sie weder das eine noch das andere tun können, suchen Sie sich irgendwo einen Baum aus und weihen Sie ihn Ihrem Angehörigen. Wenn Sie einem Lebenden Liebe und Heilung schicken möchten, können Sie auch ihm auf dieselbe Weise einen Platz weihen.
4. Stellen Sie die Blumen an diesen Ort.
5. Stellen Sie sich hin und denken Sie liebevoll an Ihren Angehörigen.
6. Bitten Sie die Engel, Ihnen Liebe und Heilung zu bringen. Atmen Sie Liebe und Heilung ein, wenn sie in einer orangefarbenen Kugel bei Ihnen ankommt.
7. Bitten Sie die Engel, Ihrem Angehörigen Liebe und Heilung zu bringen, und stellen Sie sich vor, wie er ganz darin eingehüllt wird.
8. Bedanken Sie sich bei den Blumen, den Engeln und Ihrem Angehörigen.

FOTO NUMMER 20 (SEITE 90): LIEBE, SCHUTZ UND ERLEUCHTUNG EMPFANGEN

Meditation: Nirwana

Stellen Sie sich vor, Sie würden sich sehr schnell fortbewegen. Sie sind in goldenes Licht getaucht und fühlen sich ganz wunderbar. Sie haben keine Ahnung, wohin die Reise geht oder wie lange Sie schon unterwegs sind. Plötzlich werden Sie sich eines Lichts bewusst, das so hell ist, dass es Sie blendet. Als Sie im Licht ankommen, sehen Sie, dass Sie den Ratssaal der Engel erreicht haben, der voller Engel ist.

Sie stehen vor ihnen und bekommen nun eine Gelegenheit, die Ihre kühnsten Träume übertrifft. Man sagt Ihnen, dass Sie einen Tag lang die Verantwortung dafür haben, Harmonie und Frieden auf Erden wiederherzustellen. Man bittet Sie, alle Geschehnisse auf der Erde zu beobachten. Dann müssen Sie entscheiden, was Sie tun wollen, um einen Unterschied zum Positiven herbeizuführen. Sie sind erstaunt, erfreut und ein wenig unsicher.

Man gibt Ihnen eine spezielle Sphäre, und als Sie hineinsehen, erblicken Sie die Erde und sehen alles, was dort vor sich geht. Sie fangen an zu verstehen, wie komplex die Erde ist. Während Sie weiter beobachten, können Sie den Engeln bei der Arbeit zuschauen. Mit Erstaunen sehen Sie, wie viele Orbs dort unten sind und wofür sie gebraucht werden. Sie können gar nicht alles auf einmal aufnehmen. Sie fangen an zu verstehen, dass die gesamte Menschheit ihr Bewusstseinsniveau anheben muss, um die Harmonie auf der Erde wiederherzustellen.

Sie erkennen, wie wichtig die Verbindung der Menschen zum Geist ist und wie leicht diese hergestellt und verstärkt werden kann. Sie sind sich allerdings auch bewusst, wie weit die Menschheit noch davon entfernt ist. Sie freuen sich darauf, Ihre Rolle heute spielen zu dürfen.

Sie bitten die Engel, massenhaft zur Erde zu fliegen und sich auf das menschliche Bewusstsein zu konzentrieren. Während Sie ihnen zuschauen, wird Ihnen klar, dass sie das schon immer gemacht haben. Ihre Energie verwandelt die Menschen ununterbrochen. Manchmal dehnt sich die Energie aus und verändert ihre Farbe, und manchmal nimmt sie ab und ist kaum noch sichtbar.

Viele Menschen haben überhaupt kein sichtbares Licht um sich, was Sie sehr traurig macht. Es bringt Sie ein bisschen aus der Fassung, und Sie fühlen sich so, wie Sie sich fühlen, wenn negative Gefühle und negative Verhaltensweisen auf Sie gerichtet sind. Sie bitten die Engel, sich darauf zu konzentrieren, diesen Menschen, die in Dunkelheit leben, positive Energie zu bringen. Sie bitten sie auch, jedem Menschen die Gelegenheit zu geben, noch mehr zu leuchten, indem er erleuchtet wird. Sie lehnen sich zurück und beobachten, wie die Engel die Menschen zum Leuchten bringen. Wieder erweitert sich Ihr Bewusstsein, als Sie sehen, dass manche Menschen leuchten, andere hingegen nicht.

Sie wenden sich an den Rat der Engel und bitten ihn um Unterstützung, um Ihr eigenes Licht hell und positiv zu halten. Der Rat teilt Ihnen mit, dass Sie von einem ganz besonderen Engel begleitet werden, wenn Sie zur Erde zurückkehren. Dieser wird Sie täglich an Ihre Aufgabe erinnern, das Bewusstseinsniveau der Menschen zu erhöhen. Auf diese Weise werden Harmonie und Frieden und die Leylinien der Erde wiederhergestellt werden, sodass der Planet wieder zu seiner wahren Größe finden kann.

Mit diesem Ziel vor Augen bemerken Sie, dass ein Engel Sie in Licht und bedingungslose Liebe hüllt. Gemeinsam treten Sie in den goldenen Strahl ein, der Sie behutsam zurück an Ihren Wohlfühlplatz bringt. Denken Sie über diese Meditation nach und lernen Sie Ihren Engel kennen.

Empfangen Sie Liebe, Schutz und Erleuchtung Ü

1. Schauen Sie sich Foto Nummer 20 mit dem Einhorn, dem Liebesengel und dem Geist eines lieben Angehörigen an.
2. Bitten Sie das Einhorn, alles in Ihnen zu transformieren, was alt ist und feststeckt.
3. Werden Sie sich der Anwesenheit eines weisen Geistes bewusst.
4. Öffnen Sie sich und empfangen Sie Liebe, Schutz und Erleuchtung.
5. Bringen Sie Ihren Verstand zur Ruhe und hören Sie der Botschaft zu, die Sie empfangen.
6. Seien Sie gewiss, dass Sie die göttliche Führung jedes Mal, wenn Sie diese Übung machen, noch klarer hören können.

FOTO NUMMER 21 (SEITE 93): EIN GEFÜHL DER EMPATHIE MIT DEN ELEMENTARWESEN EMPFANGEN

Meditation: Begegnung mit den Elementarwesen M

Stellen Sie sich vor, Sie säßen an einem wunderschönen Teich, auf dem die Seerosen blühen. Fische schwimmen im Schilf umher und gelegentlich tauchen Frösche auf, um nach Luft zu schnappen. Sie haben Freude daran zu beobachten, was im und am Wasser vor sich geht. Ganz allmählich werden Sie sich bewusst, dass Sie nicht allein sind.

Sie schauen umher und Ihnen wird die große Ehre teil, etwas ganz Außergewöhnliches zu sehen. Der Teich und seine Umgebung sind nämlich voller Elementarwesen. Sie können sehen, wie das Wasser von den Kyhils gesäubert wird, wie die Luft von den Esaks »gestaubsaugt« wird, wie Wichtel und Feen daran arbeiten, das Gleichgewicht im komplexen Boden dieser sumpfigen Umgebung aufrechtzuerhalten. Es ist ein ganz erstaunlicher Anblick. Sie wissen, dass Sie für die Elementarwesen unsichtbar sein müssen, da sie überhaupt keine Notiz von Ihnen nehmen. Es ist einfach ein atemberaubender Anblick.

Langsam werden Sie sich bewusst, dass sich Ihre Sinneswahrnehmung verändert hat. Sie erkennen, dass Sie wie die Elementarwesen fühlen. Sie spüren ein überwältigendes Bedürfnis, die Natur und die Elemente zu heilen und sie zu unterstützen. Sie wissen auch, dass Sie erleuchtet werden, wenn Sie dieser Aktivität zuschauen. Sie tun dies viele Minuten lang. Schließlich spüren Sie, dass Sie Ihre Aufmerksamkeit wieder auf den Teich richten sollen. Vor sich sehen Sie einen Frosch auf einem Blatt im Wasser sitzen, der Sie mit einem wunderlichen Ausdruck im Gesicht anschaut.

Sie wissen, dass er weiß, dass Sie gerade ein besonders erleuchtendes Erlebnis hatten. Entzückt dreht sich der Frosch um und hüpft mit einem kleinen »Platsch« ins Wasser. Sie müssen lächeln.

Sie sind so froh, noch ein wenig länger am Teich verweilen zu dürfen. Sie sinnen über die wunderbaren Elementarwesen nach, die so bereitwillig für und mit der Natur arbeiten. Sie fühlen sich angesichts dieser Erfahrung sehr demütig. Langsam kehren Sie mit dem Wissen an Ihren Wohlfühlplatz zurück, dass Ihr Bewusstseinsniveau wieder einmal angehoben wurde.

Ü Empfangen Sie ein Gefühl der Empathie für die Elementarwesen

1. Schauen Sie sich Foto Nummer 21 an.
2. Legen Sie einen kleinen Garten an – selbst wenn dieser so klein ist, dass er in eine Schale passt – und widmen Sie diesen den Feen und anderen Elementarwesen. Sorgen Sie für etwas Wasser und viel Grün. Sie werden Blumen brauchen, wenn die Feen sich angesprochen fühlen sollen.
3. Laden Sie die Feen und die anderen Elementarwesen ein, Ihren Garten zu besuchen.
4. Rufen Sie einen Liebesengel und Erzengel Michael an, damit diese die Elementarwesen beschützen.

5. Kümmern Sie sich hingebungsvoll um Ihren Garten. Halten Sie ihn immer frisch, damit sich die Elementarwesen dort wohlfühlen.

FOTOS NUMMER 22 UND 23 (SEITE 94): ENERGIE AUS DEM NATURREICH EMPFANGEN

Meditation: Erleuchtung

M

Stellen Sie sich vor, Sie stehen neben einem Geysir, und der Boden unter Ihnen fühlt sich ganz lebendig an. Ihnen wird etwas schwindelig, und Sie haben das Gefühl, nicht mehr ganz die Kontrolle zu haben, da Ihr energetisches System beeinflusst wurde.

Sie versuchen sich zu erden, werden sich aber der unterirdischen Aktivitäten nur noch stärker bewusst. Das wirft Sie einen Moment lang etwas aus der Bahn, und Sie fühlen sich einfach nicht so ganz wohl. In diesem Moment schießt aus dem Geysir eine mächtige Wasserfontäne hoch in den Himmel hinauf. Sie sind von diesem Anblick vollkommen überwältigt. Ihnen wird klar, dass Sie an diesen Ort gekommen sind, um Ihren Energiefluss neu auszurichten, ihn zu verstärken und zu verbessern. Sie spüren eine freudige Erregung.

Sie fühlen sich gedrängt umherzugehen, aber überall fühlt sich der Boden lebendig und ein bisschen instabil an. Dann jedoch kommen Sie an einen bestimmten Ort, an dem Sie stehen bleiben möchten. Er sieht nicht anders aus, aber Sie spüren hier eine ganz erstaunliche, sehr machtvolle Energie.

Sie setzen sich im Schneidersitz hin. Sofort spüren Sie den Puls des Erdkerns, der in Ihnen schwingt. Sie spüren, wie Ihr Qi zunimmt und stärker wird. Alle Ihre Chakras dehnen sich aus und füllen sich mit Energie. Sie werden sich nun auch bewusst, dass Energie von oben in Sie einströmt. Es scheint, als sei dieser Ort eine Art Tankstelle. Sie sitzen dort wie angewurzelt und können sich nicht bewegen. Jeder Teil Ihres Körpers ist zum Leben erwacht. Sie sind freudig erregt, als der Boden wieder wackelt, weil der nächste Ausbruch des Geysirs unmittelbar bevorsteht. Das Wasser schießt vom Erdkern bis in den Himmel hinauf. Als das Wasser auf Sie herunterfällt, tritt die Erdenergie mit einer Macht in Sie ein, die Sie so noch nie gespürt haben.

Wieder wird Ihnen etwas schwindelig, und Sie haben das Gefühl, nicht mehr mit Ihrem physischen Körper verbunden zu sein. Sie werden sich bewusst, dass sich Ihre Aura über Ihre körperliche Form hinaus ausgedehnt hat. Sie fühlen sich ganz wunderbar! Sie fangen an, alles anders zu sehen, und Sie nehmen mehr wahr, als Sie jemals zuvor gefühlt, gesehen oder gesehen haben. Ihnen fehlen die Worte. Als die Aktivität des Geysirs wieder nachlässt, fühlen Sie sich veranlasst, tief und bewusst zu atmen, um so dafür zu sorgen, dass der Energiefluss von der Erde und vom Universum in Ihnen ins Gleichgewicht kommt.

Ihnen wird mit plötzlicher Dringlichkeit bewusst, dass Sie diesen Ort sofort verlassen müssen. Sie stehen auf, gehen weg und setzen sich auf einen kleinen Hügel, um den Geysir aus der Ferne zu beobachten. Sie sitzen eine Weile da, um sich an Ihren höheren Schwingungszustand zu gewöhnen, der zu Ihrem neuen Normalzustand werden wird. Sie sind entzückt über Ihre Erleuchtung. Mit diesem Gefühl kehren Sie an Ihren Wohlfühlplatz zurück. Sie sind nun bereit, einen neuen Führer willkommen zu heißen, der gekommen ist, um mit Ihnen zu arbeiten.

Eine Übung, um Energie und Schutz aus dem Naturreich zu empfangen

Ü

1. Schauen Sie sich die Fotos Nummer 22 und 23 an.
2. Machen Sie einen Spaziergang in der Natur und rufen Sie die Erzengel Gabriel und Uriel an. Bitten Sie diese, Sie in weißes und gelbes Licht zu hüllen.
3. Spüren Sie, wie Sie wachsen. Sie sind die Verbindung von Himmel und Erde. Seien Sie gewiss, dass Erzengel Butyalil Licht von oben auf Sie scheinen lässt und Erzengel Gersisa von unten. Sie fühlen sich geliebt und beschützt.
4. Spüren Sie, dass Ihr herrliches weißes Einhorn neben Ihnen hertrabt. Kommunizieren Sie mit ihm auf telepathischem Wege, wenn Sie möchten.
5. Stellen Sie sich nun die Elementarwesen und Geister vor, die überall um Sie herum arbeiten, um alles am Leben zu halten und die göttliche Ordnung zu bewahren.
6. Schicken Sie ihnen Liebe und spüren Sie, dass sie darauf reagieren, indem sie bei Ihnen bleiben.
7. Spüren Sie, dass die Elementarwesen Sie beschützen und dafür sorgen, dass Sie sicher und glücklich sind.
8. Wenn Sie das Naturreich wieder verlassen, bedanken Sie sich bei den Erzengeln, Ihrem Einhorn und allen Elementarwesen.

FOTO NUMMER 24 (SEITE 97): EIN GEFÜHL DER EINHEIT MIT DER NATUR UND DEM REICH DER ELEMENTARWESEN EMPFANGEN

Meditation: Begegnung mit Ihrem Drachen

M

Stellen Sie sich vor, Sie verlassen eine Höhle, um in das helle Sonnenlicht hinauszutreten. Sie sind vorübergehend geblendet, während sich Ihre Augen an die neuen Lichtverhältnisse gewöhnen. Als Sie wieder klar sehen können, erblicken Sie einen herrlichen, wunderschönen Drachen, der direkt vor Ihnen hockt.

Der Drache ist riesig und machtvoll, aber er strahlt eine große Sanftheit aus. Er legt seinen Kopf auf den Boden, wie ein Hund, der gestreichelt werden möchte. Sie gehen zu ihm und reiben sein Gesicht. Seine Energie ist lebendig und dynamisch, aber gleichzeitig sehr entspannt und friedvoll. Sie wissen, dass Sie auf seinen Rücken klettern müssen, also tun Sie es. Sie kommen sich sehr klein vor, aber Sie fühlen sich vollkommen sicher und wissen, dass Sie unter keinen Umständen herabfallen werden.

Der Drache hebt seinen Kopf und macht ein paar Schritte, bevor er seine Flügel ausbreitet und sich in die Lüfte erhebt. Während des Fluges fällt Ihnen auf, dass er von einer Seite zur anderen flitzt, als ob er irgendetwas ausweichen wollte. Sie fragen sich, was das wohl sein könnte.

Plötzlich ändert sich Ihre Wahrnehmung. Sie schütteln den Kopf, um wieder wie gewohnt klar sehen zu können. Natürlich passiert dadurch nichts, denn Sie sehen nun durch die Augen des Drachen. Ihre Wahrnehmung ist deutlich erweitert, und Sie können nun alle Bereiche der geistigen Welt erkennen.

Dort erblicken Sie Farben, die Sie niemals zuvor gesehen haben. Sie haben eine Tiefenwahrnehmung wie nie zuvor und sind sich aller Dinge in Ihrer Nähe vollkommen bewusst. Es dauert einen Augenblick, bis Sie sich daran gewöhnt haben und Sie alles aufnehmen können. Ihr Drache ist sich dessen bewusst. Er lädt Sie ein, so lange bei ihm zu bleiben, wie Sie brauchen, um das wahre Ausmaß beider Welten zu begreifen.

Gern nehmen Sie sein Angebot an und bleiben so lange, wie es nötig ist. Gemeinsam schwingen Sie sich in große Höhen empor und beobachten. Sie lernen von allem, was Sie sehen und was Ihnen begegnet. Schließlich spürt der Drache, dass

Sie alles gelernt haben, was Sie im Moment lernen können. Ihre Drachensicht lässt nach, sodass Sie wieder Ihre normale Sinneswahrnehmung haben und über diese Erfahrung nachdenken können. Ihr Drache setzt Sie wieder auf der Erde ab. Sie sind zurück an Ihrem Wohlfühlplatz und fühlen sich erleuchtet und erfüllt. Sie freuen sich schon auf Ihren nächsten Ausflug mit dem Drachen.

Erfahren Sie Einheit mit der Natur und dem Reich der Elementarwesen

Ü

1. Schauen Sie sich Foto Nummer 24 an.
2. Suchen Sie sich einen Platz draußen im Garten, in einem Park oder auf dem Land, wo Sie nicht gestört werden.
3. Spüren Sie, dass ein Liebesengel Sie umhüllt und dass die Erzengel Michael und Metatron links und rechts neben Ihnen stehen, Sie beschützen und Ihnen Erleuchtung bringen.
4. Sitzen Sie still da und spüren Sie, wie das Gras und die Blumen mithilfe der Elementarwesen wachsen.
5. Werden Sie sich der Bäume bewusst, die Ihnen ihre Weisheit und ihr uraltes Wissen übermitteln.
6. Stellen Sie sich vor, dass die Wassergeister im Wasser spielen.
7. Spüren Sie, wie Sie mit der Natur verschmelzen. Verschmelzen Sie mit den Bäumen, den Blumen und dem Wasser.
8. Spüren Sie, dass Sie nun unsichtbar sind, weil Sie eins mit der Natur und dem Reich der Elementarwesen geworden sind.
9. Danken Sie ihnen dafür, dass Sie ihre Welt erleben durften.
10. Bedanken Sie sich bei den Erzengeln und dem Liebesengel.

FOTO NUMMER 25 (SEITE 105): EIN GEFÜHL DES WILLKOMMENSEINS UND DER ZUGEHÖRIGKEIT ZUM SPIRITUELLEN WEG ZUR ERLEUCHTUNG EMPFANGEN

M Meditation: Die Geschenke der Engel

Stellen Sie sich vor, Sie säßen auf einem Stuhl in einem Zimmer. Sie haben keine Ahnung, wo Sie sind, aber Sie wissen, dass bald etwas sehr Aufregendes geschehen wird. Sie können sich nicht erklären, woher Sie das wissen, Sie wissen es einfach.

Während Sie noch darüber nachdenken, öffnet sich eine Tür, und das Zimmer wird in alle Regenbogenfarben getaucht. Sie werden sich augenblicklich der Präsenz von Engeln bewusst. Sie sind so froh und glücklich, hier zu sein. Jeder dieser Engel ist gekommen, um Sie auf Ihrer Reise der spirituellen Erleuchtung zu begleiten und Ihnen ein Geschenk zu geben.

Einer nach dem anderen kommen die Engel, um Ihnen ihre Geschenke zu überreichen. Sie geben Ihnen die Möglichkeit, mit ihnen darüber zu sprechen und zu sagen, was das Geschenk für Sie bedeutet. Sie nehmen das Angebot eines jeden Engels an, der zu Ihnen kommt. Sie verbringen so viel Zeit, wie Sie benötigen, um jedes Geschenk der Engel anzunehmen und das Wissen, das damit verbunden ist, aufzunehmen. Das alles ist so spannend.

Sie spüren, wie Ihr höheres Bewusstsein wächst, wenn wieder ein Geschenk verstanden wurde. Während die letzten Engel das Zimmer verlassen, wird Ihnen bewusst, dass aus dem harten Stuhl ein bequemer Sessel geworden ist. Sie spüren die Notwendigkeit, Ihre Erfahrungen aufzuschreiben und in den kommenden Wochen über sie nachzudenken.

Verstärken Sie das Gefühl, auf dem spirituellen Weg zur Erleuchtung willkommen zu sein und ihm anzugehören

Ü

1. Schauen Sie sich Foto Nummer 25 an. Absorbieren Sie zunächst die Energie Kumekas und Erzengel Michaels im großen Orb über Dianas Kopf. Gestatten Sie dann Ihrem Bewusstsein, die Engel der Liebe, des Friedens, der Kommunikation, der Freude, der Transformation, der Erleuchtung, des Schutzes, der Hoffnung und der Läuterung, die auf diesem Foto zu sehen sind, aufzunehmen.
2. Erkennen Sie, dass jeder von ihnen Sie auf dem spirituellen Weg zur Erleuchtung willkommen heißt.
3. Schließen Sie die Augen und sehen Sie einen goldenen Weg vor sich, der auf einen Berg hinaufführt.
4. Während Sie ihn hinaufgehen, sind Sie von Führern, Engeln und Erzengeln umgeben.
5. Alles, was Sie sehen, ist von Liebe erfüllt. Sie wissen, dass in allem ein höherer Sinn steckt.
6. Sie erreichen den Gipfel des Berges und schauen sich um.
7. Sie wissen, dass Sie auf diesen Weg gehören und dass die geistige Hierarchie Sie unterstützt.

FOTO NUMMER 26 (SEITE 106): UNTERSTÜTZUNG AUF DEM SPIRITUELLEN WEG ERHALTEN

Meditation: Fortschritte auf dem Weg

M

Sie haben auf dem spirituellen Weg ein Plateau erreicht und sind deswegen etwas frustriert. Sie versuchen mit aller Kraft, dieses negative Gefühl nicht zuzulassen, aber manchmal kommt es vor, dass Sie es nicht zurückhalten können. Also beschließen Sie, einen Spaziergang zu machen, um den Kopf wieder freizubekommen.

Sie bitten um Unterstützung für das weitere Gehen auf Ihrem spirituellen Weg. Plötzlich werden Sie sich eines Gewichts in

Ihrer Tasche bewusst, das einen Augenblick vorher noch nicht da war.

Sie stecken die Hand in die Tasche und ziehen einen Kristall hervor. Dieser Kristall ist nur für Sie bestimmt. Niemand außer Ihnen darf ihn berühren. Er gehört Ihnen und nur Ihnen. Kaum halten Sie den Kristall in der Hand, überkommt Sie der Drang, anzuhalten und sich hinzusetzen. Sie sehen ein mit Gras bewachsenes Fleckchen und setzen sich hin. Die Sonne ist warm und voller vibrierender Energie.

Der Kristall beginnt zu glühen und wird durchsichtig. Sie können in ihn hineinsehen. Vor Ihren Augen erscheint eine ganz erstaunliche Szene. Sie sehen sich selbst. Der Kristall zeigt Ihnen ganz genau, was Sie tun müssen, um das Plateau hinter sich zu lassen und auf dem spirituellen Weg voranzukommen. Alles ist so klar und offensichtlich, dass Sie genau wissen, was zu tun ist.

Mit dieser Erkenntnis verwandelt sich der Kristall wieder in seinen ursprünglichen Zustand zurück, und Sie gehen beschwingten Schrittes heim. Sie wissen, dass der Kristall so lange bei Ihnen bleiben wird, wie Sie ihn brauchen. Das gibt Ihnen Selbstvertrauen und ein Gefühl des Friedens.

Sie kehren an Ihren Wohlfühlplatz zurück und berühren sanft Ihren Kristall. Sie lächeln entzückt, denn Sie wissen, dass Sie nun Ihren spirituellen Weg weitergehen können.

Ü Erhalten Sie Unterstützung auf Ihrem spirituellen Weg

1. Schauen Sie sich Foto Nummer 26 an.
2. Spüren Sie, wie Erzengel Michael sein blaues Licht des Schutzes um Sie herum legt.
3. Stellen Sie jede Frage, die Sie wollen, und seien Sie gewiss, dass Kumeka Ihnen helfen wird, die Antwort in Ihr Bewusstsein dringen zu lassen.

4. Schließen Sie die Augen und stellen Sie sich vor, Sie würden den nächsten Tag mit der Unterstützung von Erzengel Michael und Kumeka erleben.
5. Je öfter Sie sich dies vorstellen, desto mehr Unterstützung werden Sie tatsächlich erfahren.

FOTO NUMMER 27 (SEITE 107): DAS WISSEN UM DIE ERLEUCHTUNG UND DIE VERSICHERUNG EMPFANGEN, AUF DEM RICHTIGEN WEG ZU SEIN

Empfangen Sie nun das Wissen um die Erleuchtung und die Versicherung, dass Sie auf dem richtigen Weg sind

Ü

1. Schauen Sie sich Foto Nummer 27 mit Kumeka darauf an.
2. Schließen Sie die Augen und spüren Sie, wie seine Energie in Ihr drittes Auge eindringt und Ihr Bewusstsein erhellt.
3. Sein Licht dringt nun tief in Sie ein und verwandelt alle großen Probleme in Ihrem Leben.
4. Spüren Sie, dass Sie im Licht gehalten werden und Heilung und Freude erfahren.
5. Wenn Sie zurückgekehrt sind, bedanken Sie sich bei Kumeka.

FOTO NUMMER 28 (SEITE 112): ERZENGEL MICHAELS SCHUTZ EMPFANGEN

Meditation: Hilfe für einen Freund und für Sie

M

Stellen Sie sich vor, Sie sind in einer Blockhütte. Das Kaminfeuer knistert, und es ist warm und gemütlich. Sie fühlen sich sehr behaglich und sind bald bereit, zu Bett zu gehen. Draußen fällt leise der Schnee. Sie sitzen am Fenster und schauen auf das herrliche Panorama hinaus, das sich Ihnen bietet. Alles ist still und von frischem weißem Schnee bedeckt. Die Szene erfüllt Sie mit einem warmen, friedlichen Gefühl.

Plötzlich klingelt das Telefon. Eine Freundin ist am Apparat, die auf dem Weg zu Ihnen war, als der Schneefall einsetzte. Ihr Wagen ist von der Straße abgekommen und in einem Graben gelandet. Sie ist mit den Nerven am Ende und bittet Sie um Hilfe. Sie wissen, dass Sie ihr am nächsten sind. Sie ist nur fünf Minuten von Ihnen entfernt, und Sie beschließen, zu ihr zu fahren.

Sie gehen ins Schlafzimmer und ziehen sich mehrere Lagen Kleidung an. Dann steigen Sie ins Auto. Die Straße ist ziemlich glatt, da noch nicht gestreut wurde. Sie kommen nur im Schneckentempo voran. Langsam fangen Sie an sich zu fürchten, weil Ihnen klar wird, dass auch Sie im Straßengraben landen könnten, wenn Sie nicht sehr vorsichtig sind. Das wäre allerdings eine Katastrophe.

Plötzlich sehen Sie ein blaues Licht, das die Straße vor Ihnen erhellt. Das Licht umhüllt Ihren Wagen und irgendwie wissen Sie, dass Sie nun vollkommen sicher sind. Sie haben nicht den geringsten Zweifel mehr, dass Sie Ihre Freundin sicher erreichen werden. Mit dieser Erkenntnis löst sich die Anspannung auf. Sie sind hellwach und konzentrieren sich auf die vor Ihnen liegende Aufgabe, und bevor Sie es so recht realisieren, sind Sie schon bei Ihrer Freundin angekommen. Sie friert zwar, aber sonst ist ihr nichts passiert. Sie freut sich sehr, Sie zu sehen. Schnell steigt sie zu Ihnen ins Auto. Sie wenden den Wagen ohne Probleme.

Langsam und vorsichtig fahren Sie in Ihren alten Spuren zurück zum Haus. Als Sie dort angekommen sind, erzählen Sie Ihrer Freundin von dem blauen Licht. Sie beide wissen ohne jeden Zweifel, dass Ihnen ein hohes Maß an Schutz zuteilwurde. Während Sie sich mit Ihrer Freundin vor dem Kamin aufwärmen, spüren Sie plötzlich, dass Sie wieder zurück an Ihrem Wohlfühlplatz sind und sich ganz wunderbar fühlen.

Empfangen Sie Erzengel Michaels Schutz

1. Wenn Sie eine Reise vor sich haben oder aus einem anderen Grund von Erzengel Michael beschützt werden möchten, schauen Sie sich Foto Nummer 28 an.
2. Bitten Sie Erzengel Michael spezifisch darum, Sie am Tag Ihrer Reise oder Ihres Vorhabens zu beschützen.
3. Seien Sie gewiss, dass Ihre Bitte gehört wurde.

FOTO NUMMER 29 (SEITE 112): EIN ERWACHEN FÜR HÖHERE KRÄFTE UND SCHUTZ

Dies ist eine Erfahrung, die mir Wywyvsil gewährte, als ich in diesen Orb eintrat:

»Während ich diesen blauen Orb anschaue, fühle ich mich tief in ihn hineingezogen. Ich befinde mich in einem sehr langen Tunnel. Er ist eng, aber ich fühle mich nicht beengt. Es fühlt sich eher wie eine Umarmung an. Ich weiß, dass dieser Orb extrem machtvoll ist. Die Energie ist so gewaltig, dass ich keine Worte finde, um sie zu beschreiben. Ich weiß, ich bin vollkommen beschützt.

Solange ich im Tunnel bin, ist mir nicht gestattet zu sehen, was hinter der nächsten Kurve liegt. Der Tunnel ist unendlich, aber doch ganz einfach. Es steht außer Zweifel, dass er mich immer beschützen wird, solange ich mich nicht gegen ihn wehre. Es ist etwas frustrierend, dass ich noch so viel mehr fühlen kann, mir aber nicht gestattet ist, mehr zu sehen. Ich weiß, der Tunnel besteht aus vielen einzelnen Tunneln. Einer für jeden, der ihn braucht. Selbst wenn alle Tunnel benutzt werden würden, würden sie nicht einmal einen winzigen Teil des Orbs ausfüllen.«

Ü Empfangen Sie ein Verständnis für höhere Kräfte und Schutz

1. Schauen Sie sich Foto Nummer 29 an.
2. Schließen Sie die Augen und lassen Sie den Orb in Ihrem dritten Auge schwingen.
3. Seien Sie sich darüber im Klaren, dass Sie mit Erzengel Michael in all seiner Herrlichkeit Verbindung aufgenommen haben.
4. Spüren Sie, dass Sie beschützt werden.
5. Spüren Sie, dass Ihre höheren Kräfte erwachen, und bitten Sie Erzengel Michael sie zu aktivieren, wenn Sie dazu bereit sind.
6. Danken Sie Erzengel Michael und öffnen Sie die Augen.

FOTO NUMMER 30 (SEITE 114): EINE WEITERE STUFE DER ERLEUCHTUNG ERLANGEN

M Meditation: Erleuchtung

Stellen Sie sich vor, Sie stünden in der Mitte eines Labyrinths. Die Wände sind sehr hoch, und es existiert keine Abkürzung zum Ausgang. Sie stehen da und wissen nicht, wohin Sie gehen sollen. Sie versuchen mehrere Wege, die Sie zwar alle irgendwohin führen, aber nicht dorthin, wohin Sie wollen. Schließlich setzen Sie sich erschöpft hin.

Sie schauen in den Himmel und rufen um Hilfe. Sie bitten darum, dass Ihnen geholfen werden möge, Ihr Ziel zu erreichen. Sie möchten Ihren Weg mit Leichtigkeit und zielbewusst gehen. Der Mangel an Fortschritt frustriert Sie sehr. Plötzlich wird Ihnen bewusst, dass überall um Sie herum Engel sind. Sie kommen sich wie ein Narr vor, als Sie erkennen, dass Sie nur fragen und auf die Antworten hören müssen. Sie spüren, wie Energie in Ihr Kronen-Chakra eindringt und in Ihr Herz-Chakra strömt. Dies gibt Ihnen die Klarheit, wohin Sie gehen müssen, um das Labyrinth zu verlassen.

Sie fühlen sich inspiriert, sind voller Energie, und entschlossenen Schrittes machen Sie sich auf und gehen zielsicher los. Als Sie aus dem Labyrinth heraustreten, akzeptieren Sie Erleuchtung und Hilfe. Sie wissen, es ist nun an der Zeit, an Ihren Wohlfühlplatz zurückzukehren und von nun an voller Selbstvertrauen Ihren Weg zu gehen.

Erfahren Sie eine weitere Stufe der Erleuchtung Ü

1. Schauen Sie sich Foto Nummer 30 an.
2. Sprechen Sie die folgende Anrufung für Erzengel Gabriel laut aus: »Ich weihe mein Leben der Erleuchtung und rufe den mächtigen Erzengel Gabriel an, mir dabei zu helfen, alles und jeden durch die Augen des Geistes zu sehen.«
3. Schließen Sie die Augen und spüren Sie, wie Erzengel Gabriel Ihr drittes Auge berührt.
4. Entspannen Sie sich ganz tief und lassen Sie zu, dass sich Ihr Bewusstsein erweitert.
5. Öffnen Sie die Augen und bedanken Sie sich bei Erzengel Gabriel.
6. Ändern Sie ganz bewusst Ihre Einstellung gegenüber allen und allem.

FOTO NUMMER 31 (SEITE 116): LÄUTERUNG UND HEILUNG EMPFANGEN

Meditation: Tiefe Reinigung M

Stellen Sie sich vor, Sie befinden sich in einer großen Höhle. Die Höhle ist voller Licht von den Kristallen, Stalaktiten und Stalagmiten, die alle in verschiedenen Farben schimmern. Es gibt Tausende davon, die alle so herrlich anzuschauen sind, dass Sie gar nicht wissen, wohin Sie zuerst schauen sollen.

Trotz dieser Pracht zieht es Sie in den hinteren Teil der Höhle, der in völliger Dunkelheit liegt. Sie gehen an den Kristallen vorbei dorthin. Schließlich kommen Sie zum Ende der Höhle und sehen in einer Ecke einen bestimmten Kristall, der nicht wie die anderen ist. Er scheint ziemlich trüb zu sein, dennoch fühlen Sie sich von ihm angezogen und berühren ihn. Als Sie das tun, beginnt er zu vibrieren.

Die Vibrationen gewinnen an Stärke, und der Kristall fängt an zu glühen. Dadurch wird all der alte Müll aus Ihnen entfernt, Sie werden geläutert, und Ihr Bewusstsein wird auf eine höhere Dimension angehoben. Sie spüren, dass der Kristall seine Energie auf Ihr Wurzel-Chakra konzentriert. Während sich die Läuterung vollzieht, spüren Sie eine emotionale Befreiung. Es geht nun nicht mehr ums Überleben, es geht jetzt um Lebensfreude.

Nun ist das Sakral-Chakra an der Reihe. Vorbei ist die Zeit der rein sexuellen Gefühle, nun erkennen und schätzen Sie sowohl Ihre männlichen als auch Ihre weiblichen Seiten. Als Ihr Solarplexus anfängt zu glühen, werden Sie sich Ihrer eigenen Macht bewusst. Wieder werden Sie geläutert, und Sie erkennen, dass dies zum Wohle aller geschieht. Es fühlt sich gut an, diese größere Weisheit zu besitzen.

Nun arbeitet der Kristall an Ihrem Herz-Chakra. Plötzlich fühlen Sie sich verletzt und ungeliebt. Während dieses Chakra geläutert wird, fangen Sie an, die Bedeutung der bedingungslosen Liebe zu verstehen. Ihr Vertrauen wird infrage gestellt, als der Kristall sich nun mit dem Kehlkopf-Chakra befasst. Aber nachdem dieses geläutert ist, spüren und erkennen Sie Ihre medialen und spirituellen Fähigkeiten.

Nun konzentriert sich der Kristall auf Ihr drittes Auge, und Sie werden sich Ihres höheren Selbst bewusst und verstehen, wie viel Heilung Sie benötigen. Diese Heilung wird Ihnen gewährt, während dieses Chakra geläutert wird, sodass Sie nun die höheren Ebenen der göttlichen Inspiration erreichen können. Zum Schluss konzentriert sich der Kristall auf das Kronen-Chakra, wodurch augenblicklich alle Themen aus vergangenen

Leben und aus Seelenbindungen zum Vorschein kommen. Auch dieses Chakra wird geläutert, sodass Sie nun in der Lage sind, mit Ihrem wahren Selbst Kontakt aufzunehmen und diesen aufrechtzuerhalten. Mit dieser Erkenntnis setzen Sie die inspirierte Kommunikation fort. Das alles ist erleuchtend.

Dies ist die stärkste Läuterung, die Sie je erlebt haben, da sie auf der physischen, emotionalen und ätherischen Ebene stattfindet. Der Kristall glüht weiter. Seine Energie verstärkt Ihre Verbindung zu Ihrem Geistführer und zu anderen himmlischen Wesen.

Wenn der Kristall seine Aufgabe erfüllt hat, Sie zu erleuchten, kehrt er in seinen Ruhezustand zurück, und Sie gehen an Ihren Wohlfühlplatz zurück. Sie fühlen sich wahrhaft glücklich und erfüllt.

Reinigen Sie sich

Ü

1. Schauen Sie sich Foto Nummer 31 an.
2. Schließen Sie die Augen und entspannen Sie sich.
3. Stellen Sie sich einen herrlichen Wasserfall vor.
4. Die Erzengel Gabriel und Raphael sind von weißem und grünem Licht umhüllt bei Ihnen.
5. Stellen Sie sich vor, Sie ziehen Ihre Kleider aus und stellen sich unter den Wasserfall.
6. Als Sie wieder in das warme Sonnenlicht heraustreten, lässt Erzengel Gabriel schneeweißes Licht auf Sie scheinen. Sie können spüren, wie das Licht Sie bis tief in Ihr Innerstes erfüllt.
7. Erzengel Raphael berührt Sie mit dem smaragdgrünen heilenden Licht. Spüren Sie, wie es in alle Zellen eindringt, die es nötig haben.
8. Sie fühlen sich rein und leuchtend. Sie ziehen eine weiße Robe an und wissen, dass auf einer bestimmten Ebene in Ihnen Heilung stattgefunden hat.

9. Gehen Sie gemeinsam mit den Erzengeln Gabriel und Raphael eine von der Sonne beschienene Straße entlang. Sie fühlen sich leicht und glücklich.

Sie können diese Übung natürlich auch ausführen, wenn Sie unter der Dusche stehen. Rufen Sie dann die Erzengel Gabriel und Raphael an. Spüren Sie, wie Sie das Wasser reinigt, und ziehen Sie hinterher weiße Kleidung an. Wenn Sie keine weißen Kleider haben, stellen Sie sich vor, Sie wären ganz in Weiß gekleidet.

FOTO NUMMER 32 (SEITE 119): MENTALE BEFREIUNG, EIN GEFÜHL DES FRIEDENS, EINE ZUNAHME DES SELBSTVERTRAUENS UND HILFE BEI EINEM NEUANFANG EMPFANGEN

M Meditation: Ängste und Sorgen loslassen

Stellen Sie sich vor, Sie würden nachts durch einen dichten Wald gehen. Eigentlich müssten Sie keine Angst haben, aber Sie fürchten sich trotzdem. Jedes Geräusch erschreckt Sie – selbst das Ihrer eigenen Schritte. Sie wissen, dass das albern ist, aber Sie können das Gefühl einfach nicht loswerden. Sie stecken die Hände tief in die Taschen und gehen weiter. Bei jedem Schritt möchten Sie am liebsten umkehren und zurücklaufen.

Aber irgendetwas lässt Sie weitergehen. Sie wissen nicht, was es ist oder warum Sie plötzlich mehr Selbstvertrauen haben. Nun fühlen Sie sich mit jedem Schritt größer und sicherer.

Aus den Augenwinkeln sehen Sie einen Teil des Waldes, der im Mondlicht schimmert. Es ist eine Lichtung, die vollkommen kreisförmig und von großen Bäumen umstanden ist. Dieses entzückende Fleckchen ist ganz und gar von einem Moosteppich bedeckt. Das blasse Mondlicht betont noch seine Schönheit.

Sie gehen auf die Lichtung, setzen sich auf das Moos und schauen zum herrlichen Mond hinauf. Während Sie so dasitzen, spüren Sie plötzlich, dass Sie beschützt werden. Sie sehen, dass die mit Moos bewachsene Lichtung nun in einem hellen Blau erstrahlt und dass Sie vollkommen von diesem Licht eingehüllt sind.

Allmählich wird Ihnen bewusst, dass Sie weder die Bäume noch den Mond sehen können, aber das beunruhigt Sie in keiner Weise. Sie sind ganz entspannt, weil Sie wissen, dass Sie sicher sind und beschützt werden. Sie wissen, dass Sie nicht allein sind, sondern von der Liebe und dem Schutz der Engel umgeben. Sie sind glücklich und fühlen sich sehr sicher. Sie wissen plötzlich, dass Sie den Engeln Ihre größten Ängste und Sorgen mitteilen müssen – all jene, die Sie einem anderen Menschen niemals anvertrauen würden.

Tief aus Ihrem Inneren dringt die Wahrheit hervor, und Sie hören sich selbst sprechen. Sie wissen genau, um welche Ängste oder Sorgen es geht, aber statt Worten kommen Blasen aus Ihrem Mund hervor, in denen Ihre Wahrheit steckt. Eine Blase nach der anderen kommt hervor, bis alle Ihre tief sitzenden Ängste und Sorgen vor Ihnen in der Luft schweben. Sie sind vollkommen entspannt und fühlen sich ganz sicher.

Sie sitzen da und schauen zu, wie eine Blase nach der anderen platzt und vor Ihren Augen vergeht. Der Anblick zaubert ein Lächeln auf Ihr Gesicht. Statt der Blasen sehen Sie jetzt ein golden-violettes Licht vor sich. Sie wissen nun, dass Ihre größten Ängste und Sorgen umgewandelt und durch Chancen voller Weisheit ersetzt wurden.

Mit dieser Erkenntnis kommt die Erleuchtung, diese Chancen auch zu nutzen. Dies ist ein ganz wunderbarer erleuchteter Moment, denn Sie wissen, dass Sie beschützt werden und dass die Engel Ihnen immer helfen werden. Während diese Erkenntnis Ihr ganzes Wesen erfüllt, befinden Sie sich plötzlich wieder in der Dunkelheit des Waldes.

Aber nun hüpfen Sie munter zwischen den Bäumen hindurch, summen dabei ein Liedchen und gehen völlig selbstbewusst Ihren Weg. Als Sie den Rand des Waldes erreichen, erblicken Sie einen ganz besonders herrlichen Sonnenaufgang. Das ermöglicht es Ihnen, allmählich zu Ihrem Wohlfühlplatz in Ihrer vertrauten Umgebung zurückzukehren.

Ü Eine Visualisierung, um alte Denkstrukturen aufzugeben, inneren Frieden und mehr Selbstvertrauen zu erlangen und Hilfe bei einem Neuanfang zu erhalten

Wenn Sie diese Visualisierungsübung bei Neumond machen, ist sie besonders wirkungsvoll.

1. Suchen Sie sich einen Platz, an dem Sie still sein und sich entspannen können. Schauen Sie sich Foto Nummer 32 an.
2. Schließen Sie die Augen und stellen Sie sich vor, Sie trügen einen schweren Korb auf dem Kopf, in dem sich all Ihr mentales Gepäck befindet.
3. Spüren Sie, dass dieses Sie daran hindert, klar zu denken und Ihr Herz ganz zu öffnen.
4. Bitten Sie Erzengel Uriel, den Korb von Ihrem Kopf zu nehmen. Wie fühlen Sie sich jetzt? Nun haben Sie den geistigen Raum, um Ihre Denkmuster zu ändern.
5. Visualisieren Sie Erzengel Uriels wunderbaren goldgelben Orb, der göttliche Weisheit und Frieden enthält.
6. Teilen Sie ihm gedanklich mit, dass Sie nun bereit sind, Ihre tiefste Weisheit zuzulassen, um die alten Strukturen damit zu ersetzen.
7. Entspannen Sie sich ganz tief, damit Erzengel Uriel die notwendigen Veränderungen an Ihnen vornehmen kann.

FOTO NUMMER 33 (SEITE 122): SICH DER LIEBE UND DER VERBINDUNG ZUM KOSMISCHEN HERZEN ÖFFNEN

Dies ist eine Erfahrung, die mir Wywyvsil gewährte, als ich in diesen Orb eintrat.

»Während ich von diesem Orb umhüllt werde, begegne ich einer ganz einfachen Konstruktion, die bei Weitem nicht so komplex ist, wie ich dachte. Ich bade in ihrer Schwingung und erhalte Klarheit über die tiefe bedingungslose Liebe der Quelle. Mir wird mitgeteilt, dass wir, die Empfänger, es sind, welche die Liebe kompliziert machen, und dass viele von uns nicht die bedingungslose Liebe verkörpern, die uns gegeben wurde. Das macht mich sehr traurig.«

Meditation: Liebe bedingungslos annehmen

M

Stellen Sie sich vor, Sie sitzen auf einer Wiese. Das Gras ist hoch, und überall blühen Blumen. Es ist so schön hier, und Sie spüren, wie Ihr Herz-Chakra anfängt zu glühen. Das ist die bedingungslose Liebe zur Schönheit der Natur. Sie schließen die Augen, um sich diese Szene einzuprägen und ihren Duft in sich aufzusaugen. Ihr Herz schwelgt in dieser wunderbaren Energie. Als Sie die Augen wieder öffnen, sitzen Sie nicht mehr auf der Wiese, sondern in einem kreisrunden Raum, dessen Oberflächen aus lauter Spiegeln bestehen. Sie können nur sich selbst sehen.

Jedes dieser Spiegelbilder erinnert Sie an die Dinge, die Sie in Ihrem Leben getan haben – gute wie schlechte. Die Bilder verändern sich ständig, bis Sie das Bild von heute sehen. Während Sie weiter in die Spiegel schauen, lösen sich die Bilder auf, und an ihrer Stelle taucht eine Frage auf: »Liebst du dich selbst bedingungslos?« Die Frage verschwindet, und an ihrer Stelle erscheint ein Stift, mit dem Sie die Antwort schreiben können. Aber bevor Sie die Gelegenheit haben, die Frage zu beantworten, wird der ganze Raum von einem blassrosa Licht erfüllt.

Sie wissen, dass Erzengel Chamuels Engel gekommen sind, um Ihnen zu helfen. Sie nehmen ihre Energie auf, und der Stift fängt an, die Antwort zu schreiben. Als Sie die Worte lesen, spüren Sie, wie Ihr Herz-Chakra mehr Energie bekommt. Sie wissen, Sie besitzen bedingungslose Liebe und Erleuchtung, um sich selbst auf eine höhere Ebene des Bewusstseins zu heben. Mit diesem Gefühl und dieser Erkenntnis kehren Sie zu Ihrem Wohlfühlplatz zurück.

Ü Eine Visualisierung, um Ihr Herz der kosmischen Liebe zu öffnen

1. Suchen Sie sich einen Ort, an dem Sie still sein können und nicht gestört werden.
2. Zünden Sie eine Kerze an und weihen Sie diese der Heilung und Öffnung Ihres Herzens.
3. Schließen Sie die Augen und bitten Sie Ihren Schutzengel, Sie in eine wunderschöne rosafarbene Liebeswolke zu hüllen. Hier sind Sie ganz sicher. Nichts und niemand kann Ihnen wehtun.
4. Bitten Sie Ihren Engel, Ihnen zu zeigen, auf welche Art und Weise Sie Ihr empfindsames und verletzliches Herz verteidigen. Haben Sie es mit einem Panzer umgeben? Liegt es in Ketten? Ist es hinter einer Glaswand oder etwas anderem verborgen? Lassen Sie sich Zeit, Ihre Verteidigungsstrategien zu durchschauen.
5. Erkennen Sie, dass diese Strategien zwar ihren Zweck erfüllt, Ihnen aber auch viel Schmerz bereitet haben.
6. Bitten Sie Ihren Engel, Ihnen zu zeigen, auf welche Weise Ihr verletzliches, hilfloses inneres Kind dafür sorgt, dass seine Bedürfnisse erfüllt werden. Ist es bedürftig oder traurig oder fühlt es sich als Opfer? Schmollt Ihr Kind oder setzt es passive Wut ein? Wird es pampig und aggressiv?

Versucht es, es allen recht zu machen und macht sich auf diese Weise zu einem Fußabtreter? Was tut dieser verletzliche Teil von Ihnen, der Sie zwar beschützen will, Sie aber tatsächlich zurückhält, sonst noch alles?

7. Erkennen Sie an, dass Ihnen diese Strategien geholfen haben, als Sie ein kleines Kind waren, dass sie Ihnen nun aber nicht mehr nützen. Sind Sie bereit, Ihr inneres Kind an die Hand zu nehmen und sich wie ein vernünftiger, weiser Erwachsener zu benehmen? Was können Sie anders machen?
8. Nehmen Sie Ihr inneres Kind an die Hand und laufen Sie gemeinsam mit ihm fröhlich und leichtfüßig einen sonnigen Weg entlang, der auf den spirituellen Berg hinaufführt. Erforschen Sie ihn mit einem frohen Herzen.
9. Nehmen Sie Ihr inneres Kind dann in Ihr Herz auf.
10. Öffnen Sie Ihre Arme, um Erzengel Chamuel zu grüßen und sich von ihm ins kosmische Herz führen zu lassen.
11. Seien Sie ganz still und hören Sie dem Pulsieren des kosmischen Herzens zu.
12. Wenn Sie dies lange genug getan haben, kehren Sie an Ihren Ausgangspunkt zurück und bedanken sich bei Ihrem Engel.
13. Wenn Sie die Augen öffnen, wissen Sie, dass Sie diese Übung jederzeit wiederholen können und dass Ihr Leben jedes Mal mehr von Liebe und Freude erfüllt sein wird.

FOTO NUMMER 34 (SEITE 127): EINE EINLADUNG ZUR REISE ZUM STERNENTOR

M Meditation: Erdung

Sie verspüren den starken Drang, sich zu erden. Sie wissen nicht, warum, aber Sie wissen, dass es Ihnen irgendwie gelingen muss.

Sie gehen nach draußen und zum nächsten Baum. Sie setzen sich darunter. Dies hilft etwas, aber das Verlangen bleibt. Sie stehen auf, gehen umher und schauen sich nach einer Inspiration um. Plötzlich fühlen Sie sich zu einem bestimmten Platz hingezogen, an dem Sie sich hinsetzen, und plötzlich merken, dass Sie nicht allein sind.

Auf diesem Platz sitzt ein sehr alter Mann. Er ist mindestens hundert Jahre alt und wirkt doch sehr fit und beweglich. Er schaut Sie an und sagt: »Du hast dir viel Zeit gelassen. Ich warte schon lange auf dich.« Sie sind ein bisschen überrascht, gleichzeitig aber auch sehr neugierig. Er fährt fort, indem er Ihnen erzählt, dass er weiß, dass Sie stärker geerdet sein möchten, und dass man ihn gebeten hat, Ihnen dabei zu helfen. Sie sind zwar verblüfft, aber angesichts dieser neuen Informationen auch ziemlich entzückt.

So sitzen Sie da und warten darauf, dass er etwas sagt, aber er bleibt stumm. Stattdessen steht er plötzlich auf, kommt zu Ihnen herüber und legt Ihnen beide Hände auf die Schultern. Augenblicklich spüren Sie, wie sehr starke Energie aus dem Erdkern in Ihren Solarplexus einströmt und vibrierende Energie von der göttlichen Quelle von oben in Sie einströmt. Sie werden sich immer mehr Ihrer Füße bewusst. Sie jucken mittlerweile vor Energie, und es fühlt sich fast so an, als würden sie brennen. Dieses Gefühl intensiviert sich noch bis zu einem Punkt, wo es fast unerträglich wird. Darum verlagert sich der Fokus der Energie auf einen Punkt etwa 15 Zentimeter unter Ihren Füßen.

Als das geschieht, wissen Sie, dass Sie einerseits mit der Erde verbunden sind, dass Sie andererseits aber noch stärker mit Ihrem Führer und Ihren Engeln verbunden sind. Ihnen wird klar, dass gerade etwas sehr Wichtiges geschehen ist. Sie wissen, Sie werden diese Verbindung noch weiter verstärken müssen.

Ihnen wurde die Gelegenheit gegeben, auf Ihrem Weg zum Sternentor weiter voranzuschreiten. Sie spüren jetzt eine noch größere Leidenschaft dafür, dass alles, was Sie tun, zum höchsten Wohle aller geschehen soll. Das fühlt sich unglaublich schön an. Mit dieser Erkenntnis kehren Sie an Ihren Wohlfühlplatz zurück.

Eine Visualisierung, um Zugang zum Sternentor zu erlangen Ü

1. Schauen Sie sich Foto Nummer 34 an.
2. Zünden Sie eine Kerze an und suchen Sie sich einen Platz, an dem Sie ungestört sein können.
3. Sitzen Sie aufrecht mit geschlossenen Augen da.
4. Legen Sie die Hände in der Gebetshaltung zusammen und rufen Sie den mächtigen Erzengel Metatron an. Sehen Sie ihn als leuchtendes goldenes Licht vor sich erscheinen.
5. Danken Sie ihm für die Einladung, Zugang zum Sternentor zu erlangen, und sagen Sie ihm, dass Sie diese gern annehmen möchten.
6. Vor Ihnen erscheint nun eine goldene Leiter, auf der Sie zu einer ganz außergewöhnlichen goldenen Kugel heraufsteigen, zu Ihrem Sternentor.
7. Betreten Sie Ihr Sternentor.
8. Nehmen Sie in seinem herrlichen Licht Platz und stellen Sie sich selbst in den Dienst des Göttlichen. Bitten Sie demütig um Hilfe.
9. Wenn Sie fertig sind, klettern Sie die Leiter in der Gewissheit wieder hinunter, dass Sie sich nun auf einem neuen Weg befinden.

FOTO NUMMER 35 (SEITE 134): EIN GEFÜHL DAFÜR EMPFANGEN, WIE WICHTIG ES IST, SICH UM DIE NATUR ZU KÜMMERN

M Meditation: Wie kann ich helfen?

Stellen Sie sich vor, Sie säßen umgeben von all Ihren Freunden in einem Klassenzimmer. Der Lehrer zeigt eine Diashow verschiedener Orte auf der Erde, die alle durch die globale Erwärmung in Mitleidenschaft gezogen worden sind. Während Sie zuschauen, erregt ein Dia Ihre besondere Aufmerksamkeit. Sie verspüren den Drang, mehr über diesen Ort herauszufinden.

Ihr Lehrer erzählt der Klasse alles über die dortige Situation. Sie sind sehr traurig, als Sie dies hören. Plötzlich merken Sie, dass Ihre Chakras aktiv und wach werden.

Sie rufen den Orb an und bitten ihn, Sie zu inspirieren und zu informieren. Augenblicklich erhalten Sie eine Antwort und erfahren, was Sie tun können, um die Situation dort zu stabilisieren. Mit diesen Informationen bringt Ihnen Ihr Führer oder ein Engel auch die Instrumente, die Sie brauchen, um die Situation zu heilen. Sie sind ganz versessen darauf, diese Aufgabe zu übernehmen, und Sie verwenden so viel Zeit darauf, wie nötig ist, um die Heilung zu bewerkstelligen. Irgendwann sind Sie zufrieden, dass Sie alles getan haben, was in Ihrer Macht steht, und voller Demut kehren Sie an Ihren Wohlfühlplatz zurück.

Ü Ein Gebet für die Natur

1. Schauen Sie sich Foto Nummer 35 an.
2. Sagen Sie folgendes Gebet auf: »Im Namen Gottes und all dessen, was Licht ist, bitte ich um die Liebe, die Kraft und die Ressourcen, um dem Naturreich beim Gedeihen zu helfen. Ich rufe Erzengel Purlimiek und die Einhörner sowie die Feen und anderen Elementarwesen an, mir dabei

zu helfen. Ich werde meine ganze Kraft einsetzen, um unserem wunderschönen Planeten zu helfen und ihn zu ehren.«

FOTO NUMMER 36 (SEITE 135): EINEN SCHUB ERHALTEN, NACH ETWAS BESSEREM ZU STREBEN

Dies ist eine Erfahrung, die Wywyvsil mir gewährte, als ich in diesen Orb eintrat:

»Als ich in das Energiefeld dieses Orbs eintrete, verspüre ich den Drang, den Planeten zu heilen. Ich kann jeden Aspekt davon fühlen, schmecken und spüren. Ich verspüre den starken Drang, Kristalle zu verstehen. Ich möchte wissen, wie sich die Energie anderer Planeten auf uns auswirkt. Ich fühle mich gedrängt zu verstehen, wie die Natur die Erde nährt, besonders Wasser und Luft. Ich weiß, dass ich mit dem Herzen der Erde und dem unendlichen Universum verbunden bin. Ich fühle mich grenzenlos. Ich weiß, dass ich durch die Arbeit mit den Orbs überallhin kann, um mir dort das notwendige Wissen anzueignen, damit ich mit anderen Wesen arbeiten und Energien sammeln kann, um unsere Welten zu heilen.«

Meditation: Lasst uns miteinander reden

M

Sie sitzen auf einem mit Gras bewachsenen Hügel und schauen aufs Meer hinaus. Die Sonne scheint, und es geht ein warmes Lüftchen. In der Ferne können Sie am Himmel etwas sehen, das Ihre Aufmerksamkeit erregt. Als es näherkommt, erkennen Sie, dass es sich um einen Drachen handelt. Er ist wunderschön und leuchtet in verschiedenen Farben. Der Drache landet, beugt den Kopf und senkt einladend die Schultern, damit Sie auf seinen Rücken klettern können. Sie sind ganz aufgeregt und freuen sich sehr aufzusteigen.

Sobald Sie es sich auf seinem Rücken bequem gemacht haben, erhebt sich der Drache in die Luft und fliegt zielgerichtet übers Meer. Er fliegt mit großer Geschwindigkeit. Sie können seine Kraft spüren und den Wind auf Ihrem Gesicht. Dann fliegt er immer höher in den Himmel hinauf. Die Energie verändert sich, und Ihnen wird klar, dass Sie die verschiedenen Bereiche der geistigen Welt durchfliegen. Endlich erreichen Sie das Reich der Engel, und Sie spüren, dass sich die Schwingung erhöht hat. Schließlich verlangsamt der Drache seinen Flug und landet. Wieder beugt er seinen Kopf, damit Sie absteigen können.

Sofort fällt Ihnen auf, dass der Boden unter Ihren Füßen sehr weich und irgendwie schwammartig ist. Eigentlich sollten Sie dadurch verunsichert sein, sind es aber nicht. Sie schauen auf und sehen vor sich eine Sphäre. Sie sieht wie aus Glas gemacht aus, deshalb halten Sie sie für fest. Aber als Sie auf sie zugehen, gehen Sie einfach durch die Hülle hindurch und betreten das Innere der Sphäre. Interessanterweise erscheint die Hülle nun als fest. Das Innere ist sehr geräumig und voller Engel, die kommen, um mit Ihnen zu reden. Sie haben keine Angst und sind froh, mit den Engeln reden zu können. Sie bleiben so lange, wie Sie brauchen, um mit den Engeln über alles Wichtige zu sprechen.

Die Engel möchten, dass Sie ihnen alles mitteilen, was für Sie wichtig ist, und dass Sie hören, was sie Ihnen dazu zu sagen haben. Es gibt vieles, worüber sie mit Ihnen reden möchten. Wenn alles gesagt worden ist, leert sich die Sphäre wieder. Und nun können Sie auch wieder die Hülle durchdringen. Sie schauen sich um, aber die Sphäre ist verschwunden. Sie schauen wieder nach vorn und sehen, dass Sie sich wieder an Ihrem Wohlfühlplatz befinden. Die Unterhaltung mit den Engeln hat Sie vollkommen erfüllt.

Eine Übung, um nach etwas Besserem zu streben Ü

Für diese Übung benötigen Sie einen Stift und ein Blatt Papier. Denken Sie daran, dass Sie ein ganz wunderbares Wesen sind und dass mit reiner Absicht und mithilfe der Engel alles möglich ist.

1. Schauen Sie sich Foto Nummer 36 an.
2. Schreiben Sie Ihre höchsten Ziele für das kommende Jahr und für Ihr ganzes Leben auf.
3. Bitten Sie Kumeka, die Liebesengel und Ihr Höheres Selbst um Hilfe.
4. Rufen Sie sich Ihre Ziele oft in Erinnerung und bitten Sie die höheren Wesen, Ihnen auch weiterhin zu helfen, Ihr größtmögliches spirituelles Potenzial zu verwirklichen.

FOTO NUMMER 37 (SEITE 139): ENERGIE EMPFANGEN, DIE KLARHEIT IN DIE EIGENE VISION BRINGT

Eine Übung, um Klarheit bezüglich der eigenen Vision zu erlangen Ü

Ihr höchster Weg ist immer der, der Ihre Seele tief befriedigt und Sie mit Freude erfüllt. Einer der Gründe, warum wir einen physischen Körper haben, ist der, dass der Körper als Spiegel dient, der Ihre Entscheidungen sichtbar reflektiert.

Wenn es Ihnen vernünftig erscheint, eine Ausbildung als Buchhalter oder Elektriker zu machen, Ihr Körper aber schwer wird, wenn Sie nur daran denken, dann ist dies nicht Ihr göttlich vorbestimmter Weg. Wenn der Gedanke, dass Sie eine glamouröse Karriere vor sich haben, Sie andererseits übermäßig erregt und Sie den Boden unter den Füßen verlieren lässt, dann ist auch dieser Weg nicht der richtige für Sie.

Streben Sie nach dem, das Ihnen ein Gefühl von Leichtigkeit vermittelt, sodass Sie optimistisch, selbstsicher und strahlend sind. Ihr Ziel sollte Sie nähren und Sie über sich selbst hinauswachsen lassen.

1. Schauen Sie sich Foto Nummer 37 an.
2. Zünden Sie eine Kerze an und bitten Sie die Einhörner, Ihnen zu helfen, Klarheit über Ihre Vision zu gewinnen.
3. Schreiben Sie alle Möglichkeiten auf.
4. Denken Sie über jede einzelne nach und achten Sie dabei darauf, wie sich Ihr Körper anfühlt. Wenn Sie möchten, können Sie dies auch während eines Spaziergangs tun. Sie müssen diese Übung nicht in der Meditationshaltung ausführen.
5. Wenn Sie Klarheit bezüglich Ihrer Vision erlangt haben, werden Sie in Körper und Seele ein Gefühl der »Richtigkeit« verspüren.
6. Bedanken Sie sich bei den Einhörnern für die Hilfe, die sie Ihnen gewährt haben.

FOTO NUMMER 38 (SEITE 140): EIN GEFÜHL DER UNSCHULD UND FREUDE EMPFANGEN

Ü Erleben Sie Unschuld und Freude

1. Erinnern Sie sich daran, wie Sie sich als Kind gefühlt haben, als die Welt für Sie noch voller Wunder war. Wenn Sie sich nicht erinnern können, beobachten Sie kleine Kinder, die einen Frosch oder eine Schnecke bestaunen, und versuchen Sie, ihre unschuldige Erregung und Freude zu spüren.
2. Schauen Sie sich Foto Nummer 38 an.
3. Gehen Sie sehr langsam umher und schauen Sie alles mit den unschuldigen Augen eines Kindes an.
4. Seien Sie gewiss, dass Erzengel Gabriel zu Ihnen kommen wird, sobald Sie sich in diesem Zustand befinden.

FOTO NUMMER 39 (SEITE 142): EINEN ENERGIESCHUB EMPFANGEN, DER DAS HERZZENTRUM AKTIVIERT

Erwecken Sie Ihr Herzzentrum Ü

1. Schauen Sie sich Foto Nummer 39 an.
2. Gehen Sie hinaus und schauen Sie sich einen Sonnenaufgang an. Bestaunen Sie seine Schönheit und seine Energie.
3. Während die Sonne emporsteigt, heben Sie die Arme, um sie zu ehren.
4. Rufen Sie die Engel an und bitten Sie sie, Ihr Herzzentrum zu aktivieren und es mit Freude, Frieden und Liebe zu erfüllen.

FOTO NUMMER 40 (SEITE 144): DIE ANGST VOR DEM UNBEKANNTEN LOSLASSEN

Meditation: Mütterliche Liebe M

Stellen Sie sich vor, Sie wären ein ungeborenes Baby im Mutterleib. Dort ist es warm, gemütlich und vollkommen sicher. Sie lieben es dort. Sie hören jedes Wort, das Ihre Mutter sagt, und jedes Wort überträgt die Schwingung ihrer Energie. So spüren Sie jede Veränderung ihrer Gefühle. Sie können unterscheiden, ob die Gefühle physischer, emotionaler oder ätherischer Natur sind. Sie spüren jede Bewegung ihrer Chakras und befinden sich in völliger Harmonie mit ihr.

Ihre Mutter ist ein sehr positiver Mensch, der Veränderungen und Probleme als Möglichkeiten ansieht. Sie lernt gern und strebt nach dem, was dem Gemeinwohl dient. Sie haben noch nie Angst erfahren. Aber nun werden Sie gezwungen, den Mutterleib zu verlassen, um in die äußere Welt geboren zu werden.

Zum ersten Mal überkommt Sie ein sehr seltsames Gefühl. Sie spüren Angst, und zwar genau in dem Augenblick, in dem Sie in die äußere Welt herausgepresst werden. Sie wissen, dass das nicht recht ist, und bitten um Hilfe, um die Angst vor dem Unbekannten loszulassen. Bei diesem Gedanken nimmt Ihre Mutter Sie in die Arme. Es fühlt sich so wunderbar an, und wieder fühlen Sie sich vollkommen sicher. Jede Sekunde eines jeden Tages verstärkt sie das Gefühl der Sicherheit und Geborgenheit. Während Sie heranwachsen, bleibt Ihnen dieses Gefühl erhalten, sodass Sie nichts aus der Ruhe bringen kann.

Sie haben keine Angst vor dem Unbekannten. Sie freuen sich, wenn Sie neue Dinge ausprobieren und neue Abenteuer erleben können. Sie wissen mit absoluter Sicherheit, dass Sie keine Angst vor dem Unbekannten haben. Langsam wird Ihnen bewusst, dass Sie sich wieder an Ihrem Wohlfühlplatz befinden und dass Sie sich voller Selbstvertrauen und Zuversicht auf jeden neuen Tag freuen.

Ü Die Angst vor dem Unbekannten loslassen

1. Schauen Sie sich Foto Nummer 40 an.
2. Rufen Sie Ihren Schutzengel an und spüren Sie, wie dieser Sie in seine Liebe und seinen Schutz hüllt. Er wandelt alle alten Ängste um.
3. Rufen Sie Erzengel Gabriels Engel herbei, damit diese Ihre Energie läutern.
4. Atmen Sie Erzengel Gabriels Licht ein, bis sich Ihre Angst vor dem Unbekannten aufgelöst hat.
5. Bedanken Sie sich bei Ihrem Schutzengel und bei Erzengel Gabriel für ihre Hilfe.

WIE MAN EINEN ORB ERKENNT

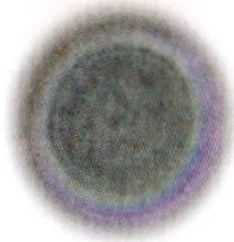

Jeder Orb hat gewisse charakteristische Merkmale, an denen man ihn erkennen kann. Die geistige Welt hat uns allerdings häufig daran erinnert, uns den Orbs mit dem Herzen und nicht mit dem Verstand zu nähern. Lassen Sie sich daher immer von Ihrer Intuition leiten.

Generell kann man sagen, dass ein Orb verschwommener und größer erscheint, je näher er Ihnen ist. So ist zum Beispiel ein weit entferntes Einhorn ein sehr heller, kleiner Lichtpunkt, während sich eines, das Sie umgibt, riesig und blass zeigt.

Alle Orbs gehören zur Engelhierarchie. Die Elementarwesen und Engel begleiten und beschützen stets auch die Geister von Menschen und Tieren, die sich auf der Erde inkarniert und dort ihr Leben beendet hatten.

GEISTER (GESPENSTER)

Gespenster sind die Geister von verstorbenen Menschen, die noch nicht ins Licht gegangen sind und auf der irdischen Ebene feststecken. Jedes Gespenst wird von einem Elementarwesen begleitet, das als Wuryl bekannt ist. Wuryls sind normalerweise kleine, verschwommen weiße Orbs, ohne hellen oder klar definierten Rand. Manchmal sammeln sich die Wuryls in Portalen, weil die Energie dort heller ist und sie dort Hilfe beim Übergang erhalten.

ENGEL, DIE GEISTER TRANSPORTIEREN

Nach unserer Erfahrung sind dies die am häufigsten vorkommenden Orbs. Die Geister hier sind Menschen oder Tiere, die ins Licht gegangen sind. Wenn sie reisen, werden sie von einem Engel begleitet, welcher der Orb ist. Die Orbs können winzig oder groß sein und sind stets bei Familienfeiern anwesend, weil die verstorbenen Angehörigen dem Ereignis beiwohnen möchten. Die kleineren scheinen einen kleinen, etwas dunkleren Flecken in einem weißen Kreis zu haben und sind oft in der Nähe von Menschen oder Tieren zu sehen.

Die größeren sind ebenfalls weiß mit einem klar definierten Rand. Die Gesichter der Geister, die im Orb transportiert werden, erscheinen häufig als dunkler Klecks. Manchmal ist das Gesicht deutlich zu erkennen und gelegentlich wird es von der besuchten Person auch erkannt.

Man kann diese Orbs von denen unterscheiden, in denen Elementarwesen Gespenster transportieren, weil die Engel den sichtbaren Ring um die Außenhülle darstellen.

Häufig kommt es vor, dass der Engel, der den Geist bringt, mit der beschützenden Energie von Erzengel Michael verschmilzt, sodass das Blau im Orb sichtbar ist.

ERZENGEL, DIE MEISTER TRANSPORTIEREN

Wenn Meister, die sich irgendwann auf der Erde inkarniert hatten, reisen, werden sie von einem oder mehreren Erzengeln begleitet, die sie beschützen und ihre Energie halten, während sie ihre Botschaft übermitteln. Die einzige Ausnahme ist dann gegeben, wenn ein Meister innerhalb des goldenen Christus-Lichtes reist, das einen vollkommenen Schutz bietet. Wenn man einen dieser Orbs vergrößert, kann man darin das Gesicht des Meisters häufig ganz deutlich erkennen.

SCHUTZENGEL

Schutzengel erscheinen normalerweise als milchigweiße Scheiben, die zwar klar umrissen, aber häufig klein sind und nur schwach leuchten. Je mehr Hilfe ein Mensch braucht – zum

Beispiel, wenn er sich in einer bestimmten Situation sehr unwohl fühlt –, desto näher und größer wird der Orb sein. Manchmal, wenn die Schutzengel einem etwas zuflüstern, sieht man sie über dem Ohr, oder wenn sie jemanden davor schützen, etwas außersinnlich wahrzunehmen, oder es ihm ermöglichen, eine Situation oder eine Beziehung auf eine andere Art zu sehen, über dem dritten Auge.

BESCHÜTZER-ENGEL

Dies sind milchigweiße Scheiben, die denen der Schutzengel ähneln, aber im Allgemeinen größer sind. Manchmal sieht man sie an den Wänden eines Zimmers, das gereinigt werden muss, zum Beispiel in Hotels, weil dort die Zimmer von Menschen mit verschiedenen Energien benutzt werden. Riesige weiße Orb-Wolken kann man über Gebäuden oder Transportmitteln sehen, wodurch ein bestimmtes Energieniveau verlässlich gehalten wird.

ANDERE ENGEL

Es gibt Engel der Freude, der Transmutation, des Friedens, des Glücks, des Feierns, der Bindung und viele andere, die wie milchigweiße Scheiben aussehen und den Schutzengeln ähneln. Üblicherweise zeigt der Ort, an dem sie erscheinen, an, welche Engelenergie sie in sich tragen. Wenn zum Beispiel ein Zimmer renoviert wird, sieht man Engel der Transmutation. Auf einer Feier sieht man Engel der Freude.

LIEBESENGEL

Liebesengel kann man ziemlich leicht an ihrem strahlenden weißen Licht erkennen. Sie sind die hellsten aller Engel. Wenn ein Liebesengel etwas beobachtet, erscheint er als rundes weißes Licht, aber sobald er anfängt sich zu bewegen, kann man seinen Schweif sehen. Die winzigen unter ihnen sehen aus wie Kaulquappen, während die großen wie Raketen wirken. Wenn sie um Menschen oder Tiere herumschwirren und ihnen Heilung, Liebe und Licht bringen, sehen sie häufig wie lange dünne Streifen weißen Lichts aus.

Diese weißen Streifen können sich zu ungewöhnlichen Formen verbinden, etwa zu Blumen oder mehreren Köpfen, die aus einer Kugel herauswachsen. Sie sind häufig ovalförmig, da sie aktiv Heilung oder Schutz auf Elementarwesen, Geister oder Meister ausstrahlen.

Liebesengel verschmelzen häufig mit Engel- oder Erzengel-Orbs, sodass diese stärker leuchten. Außerdem begleiten sie die Orbs der Erzengel als Akt der dienenden Liebe.

ELEMENTARWESEN-ORBS

Feen

Feen sehen wie winzige weiße Lichtpünktchen aus und können häufig in einem Haufen gesehen werden.

Esaks

Esak-Orbs sind kleiner als Feen und erscheinen häufig als winzige weiße Flocken an den Orten, an denen psychische oder physische Negativität aufgelöst werden muss.

Kyhils

Wie Esaks, nur sieht man die Kyhils im Wasser.

Wichtel, Elfen und Gnome

Diese sieht man nur sehr selten, aber wenn, dann als äußerst winzige Lichtpünktchen.

Kobolde

Kobold-Orbs sehen wie winzige weiße Kreise aus.

ERZENGEL-ORBS

Jeder Erzengel arbeitet auf einem Farbstrahl und trägt dessen Schwingung in sich. Der Erzengel selbst hat eine satte intensive Färbung, während seine Engel eine etwas hellere Schattierung zeigen, da sie weniger Energie besitzen. Je mehr Erzengel-Energie in einem Orb ist, desto satter und reiner ist dessen Farbe.

Einige Erzengel haben eine ganz charakteristische Struktur. Wenn sich die Energie eines Erzengels mit einem anderen Orb vermischt, kann man trotzdem noch seine Farbe und die charakteristische Struktur erkennen.

Erzengel Azriel

Erzengel Azriel, der Engel von Geburt und Tod, ist leuchtend schwarz.

Erzengel Butyalil

Erzengel Butyalil, er kümmert sich um die kosmische Energie im Umfeld der Erde, ist schneeweiß. Die Kammern in seinem Orb sehen manchmal quadratisch oder oval aus.

Erzengel Chamuel

Erzengel Chamuel, sein Bereich ist die Liebe, hat eine wunderschöne Rosatönung, da er Herzen heilt.

Erzengel Fhelyai

Erzengel Fhelyai, sein Bereich sind die Tiere, ist von goldener Farbe, deren Schattierung genau zwischen der von Erzengel Uriel und Erzengel Jophiel liegt. Er kann auch an dem Ring um die äußere Hülle erkannt werden, denn er enthält die reine unverfälschte Energie der Quelle. Sein Orb ist leicht getrübt, weil seine Energie so stark ist, dass die Tiere vor der Intensität seines Lichts geschützt werden müssen.

Erzengel Gabriel

Erzengel Gabriel, Erzengel der Reinheit, schimmert schneeweiß und in seinem Orb können konzentrische Kreise deutlich unterschieden werden.

Erzengel Gersisa

Erzengel Gersisa ist weiblich und kümmert sich um die Leylinien. Sie erscheint grau. Ihr Orb hat die Form eines Ovals. Bei Vollmond ist diese Form etwas abgeschwächt. Bei Neumond ist der Orb wieder oval, und man kann sehen, dass die Leylinien, an denen sie arbeitet, aus seiner Mitte kommen.

Erzengel Jophiel

Erzengel Jophiel steht für die Weisheit, die uns durch das Kronen-Chakra zuteilwird. Er zeigt eine blassgelbe Färbung.

Erzengel Metatron

Erzengel Metatron, der mächtigste aller Erzengel und steht für Weisheit und Aufstieg. Er ist für das Sternentor verantwortlich und strahlt in einem satten Goldton, der manchmal ins Orangefarbene oder in Rot übergeht.

Erzengel Michael

Erzengel Michael steht für Schutz und Stärke. Er ist dunkelblau. Häufig sieht man, wie seine Energie andere Orbs umgibt, weil er das Wesen beschützt, das diese transportieren, oder wie er einen Menschen oder einen Ort unter seinen Schutz stellt.

Erzengel Purlimiek

Erzengel Purlimiek, sein Bereich ist die Natur, erscheint als durchsichtiges Blassgrün, das ins Weißliche übergeht.

Erzengel Raphael

Erzengel Raphael, er wirkt für Heilung und Reichtum, ist von einem strahlenden Türkisgrün, und in seinem Orb finden sich konzentrische Kreise.

Erzengel Roquiel

Dieser universelle Erdengel, der für die Verbindung zu Mutter Erde steht, ist schwarz. Häufig wird er gemeinsam mit Erzengel Sandalphon gesehen.

Erzengel Sandalphon

Erzengel Sandalphon ist mit dem Erdstern verbunden, er ist schwarz und weiß, erscheint aber häufig als grau.

Erzengel Uriel

Erzengel Uriel, der Selbstvertrauen und Frieden vermittelt, ist von einem satten Gelbton. Wenn er Negativität aufgenommen hat, die noch nicht in Licht umgewandelt wurde, erscheint er manchmal braun. Man kann die Kammern in seinem Orb sehen, die wie kleine runde Perlen etwas hervortreten. Wenn Sie seine goldgelbe Farbe nicht sehen können, werden Sie ihn an diesen Formen erkennen.

Erzengel Zadkiel

Erzengel Zadkiel, den Erzengel der Transmutation, kann man an seinem lieblichen durchscheinenden violetten Licht erkennen, das ebenjene Transmutation bringt.

Seraphim

Man kann die Seraphim an ihrer durchscheinenden Qualität erkennen. Sie treten normalerweise einzeln auf und schimmern in vielen Pastelltönen, überwiegend im blauen Bereich.

EINHÖRNER

Wie bei anderen Orbs gilt auch hier: Je näher Ihnen ein Einhorn-Orb ist, desto größer und blasser ist sein schneeweißes Licht. Weit entfernte Einhorn-Orbs gleichen sehr hellen Flecken am Himmel, die weitaus heller leuchten als die Sterne. Wenn sie aber nahe an einen physischen Körper herankommen, werden sie größer und nehmen einen diffusen, zarten Weißton an. Wenn sie aktiv sind, werden sie durchsichtig.

Einhorn-Orbs, die nur einige wenige Meter von einem Menschen entfernt sind, können an den deutlich erkennbaren weißen Wirbelstrukturen im Inneren erkannt werden.

DURCHSICHTIGE ORBS

Ein Orb wird durchsichtig, wenn der Engel die Energie hält, während der betreffende Mensch noch nicht reagiert hat. Ich habe ein Foto von meiner Enkelin, die wie wild auf einem Spielplatz herumtobt und dabei keinerlei Vorsicht walten lässt. Der Schutzengel-Orb über ihr ist riesig und vollkommen durchsichtig, weil er die Energie hält, während sie die Gelegenheit erhält, die Lage neu zu beurteilen.

ORB-FORMEN

Rund

Wenn ein Orb rund ist, beobachtet er eine Situation und hält die Energie für das bestmögliche Ergebnis.

Eckig oder konkav

Ein Orb verändert seine Form, wenn er aktiv Schutz ausstrahlt oder eine besondere Energie oder Information überträgt. Dann wird er auf einer oder auf allen Seiten eckig oder konkav, je nachdem, wie viel Energie er ausstrahlt.

Sechseckig

Wenn alle sechs Seiten eines Orbs gerade werden, sodass er wie ein Sechseck aussieht, ist er voll funktionsfähig. Dieses Phänomen kann bei allen Orbs beobachtet werden.

Gestreckt

Orbs, die sich sehr schnell bewegen, erscheinen als in die Länge gezogen, gestreckt oder dünn und schlangengleich. Manchmal haben sie auch einen Schweif oder hinterlassen eine Lichtspur.

Zylindrisch oder zitronenförmig

So sehen Orbs aus, die Energie direkt von der Sonne oder von einem Erzengel empfangen.

Miteinander verschmolzene Orbs

Wenn mehrere Engel miteinander verschmelzen, sind ihre Farben und Qualitäten in diesem Orb präsent. Wenn sie wollen, dass ihre Eigenschaften getrennt bleiben, erscheinen die einzelnen Farben in Blöcken innerhalb des Orbs.

GLOSSAR DER IN DIESEM BUCH AUFGEFÜHRTEN ORBS

ELEMENTARWESEN

Elementarwesen sind Naturgeister, die zu den Elementen Feuer, Luft, Erde, Wasser oder Holz gehören. Sie kümmern sich um die vielen verschiedenen Aspekte der natürlichen Welt.

Feen

Feen sind etwa 30 Zentimeter große Naturgeister, die zum Element Luft gehören und sich um die Blumen kümmern. Sie sind schelmisch, verspielt, rein und unschuldig. Sie arbeiten mit Engeln und Einhörnern zusammen. Wenn die Einhörner einem Gebiet ihr Licht schenken, bleiben die Feen, um diese erhöhte Frequenz zu bewahren. Engel beaufsichtigen ganze Gruppen von Feen.

Wichtel

Da Wichtel nur etwa zweieinhalb Zentimeter groß, also echte Winzlinge sind, sehen die Menschen sie nur sehr selten. Sie gehören den Elementen Erde, Luft und Wasser an. Ihre Aufgabe besteht darin, den Boden zu durchlüften. Sie arbeiten mit den Kobolden zusammen. Die Wichtel helfen den Samen zu wachsen. Sie flüstern dem Gärtner zu, dass bestimmte Keimlinge seiner Aufmerksamkeit bedürfen.

Lyslih

Die Lyslih sind Wesen aus einem anderen Universum, in dem es keine Engel gibt, wie wir sie kennen. Sie stammen aus dem Herzen Gottes und befinden sich auf derselben Frequenzebene wie die Erzengel. Zu den Lyslih gehört auch Fekorm, der Meister der Musik.

Kobolde

Kobolde sind die Elementarwesen der Erde. Sie sind kleiner als die Feen und kümmern sich um die Beschaffenheit des Bodens. Wenn jemand seinen Garten liebt, achten die Kobolde darauf, dass der Boden in Ordnung ist. Deshalb sollten Gärtner sie bitten, für den richtigen pH-Wert des Bodens zu sorgen. Diese Elementarwesen bleiben nicht an einem Ort, sondern ziehen umher. Sie versuchen, die Bodenerosion aufzuhalten. Natürlich können sie bei einer Überschwemmung das Meer nicht zurückhalten, aber sie können helfen, die Bodenqualität wieder zu verbessern, nachdem sich das Wasser zurückgezogen hat. Außerdem arbeiten sie mit den Bienen zusammen, um bei der Bestäubung der Blüten zu helfen.

Drachen

Drachen sind Geschöpfe der Elemente. Sie sind wunderbare Wesen von großer Kraft, Weisheit, Courage, Liebe, und sie gewähren uns ihren Schutz. Sie sind ideale Gefährten, und wenn Sie einmal die Hilfe eines Drachen in Anspruch genommen haben, kann diese Bindung niemals gebrochen werden. Ihr Drache wird zu Ihnen zurückkehren, wann immer er gebraucht wird. Sie können je nach Ihren Bedürfnissen machtvolle Beschützer, aber auch einfühlsame, liebevolle und sanftmütige Freunde sein.

Esaks

Esaks sind neu auf diesem Planeten. Sie sind gekommen, um uns zu helfen und um mehr über das Leben auf der Erde zu erfahren. Sie sind wie Staubsauger und saugen negative Energien auf. Wenn ein Ort nach einer Party, auf der Alkohol getrunken oder Drogen genommen wurden, gereinigt werden muss, kommen die Esaks, um alle niederen Schwingungen, die zurückgelassen wurden, aufzusaugen.

Kyhils

Kyhils sind winzige Elementarwesen des Wassers, deren Aufgabe darin besteht, die negativen Energien in den Gewässern der Welt aufzusaugen.

Elfen

Elfen sind Elementarwesen der Erde, die mit den Bäumen arbeiten.

Sylphen

Sylphen sind Luftgeister. Sie sind so klein wie Schmetterlinge. Ihre Aufgabe ist es, mit Blumen und Pflanzen zu arbeiten. Durch sie kann das Sonnenlicht in die Blätter eindringen. Sylphen tragen dazu bei, die Luft um die Pflanzen herum rein zu halten, damit diese in klarer Energie leben können. Aus diesem Grund können auch Sie draußen in der Natur freier atmen. Sie helfen auch den Vögeln beim Fliegen.

Wuryls

Wuryls sind Elementarwesen, deren Aufgabe es ist, allen feststeckenden Seelen zu helfen, die noch nicht ins Licht gegangenen sind. Niemand ist jemals allein.

Gemllia

Gemllia sind Engelwesen, die sich um die Elementarwesen kümmern. Sie haben eine höhere Schwingung als Schutzengel.

Salamander

Salamander sind Elementarwesen des Feuers, die außer Kontrolle geraten, wenn sie auf menschliche Gefühle reagieren und dann häufig Brände verursachen.

Meerjungfrauen

Meerjungfrauen sind Elementarwesen des Wassers, die sich um die Flora und Fauna der Meere kümmern.

SCHUTZENGEL

Schutzengel machen den untersten Rang der Engelhierarchie aus. Jedem Menschen wird ein Schutzengel zugeteilt, der sich gemeinsam mit seinem Schützling weiterentwickelt.

ENGEL

Es gibt vielerlei Arten von Engeln, die uns dienen und helfen. Sie haben eine etwas höhere Schwingung als Schutzengel. Alle Engel schwingen in der siebten Dimension, die auch als der siebte Himmel bekannt ist.

ERZENGEL

Die Engel unterstehen den Erzengeln. Es gibt Tausende von ihnen, aber nur wenige arbeiten mit den Menschen. Wir haben in diesem Buch die Orbs einiger Erzengel aufgenommen.

Erzengel Michael

Erzengel Michael ist einer der bekanntesten Erzengel. Er arbeitet mit dem blauen Strahl des Schutzes. Sein Orb ist immer blau, und wenn sich einer seiner Aspekte mit einem anderen Engel oder Erzengel vermischt, bleibt sein charakteristisches Blau dennoch erhalten. Er gibt den Menschen Kraft und Mut, sich ihren Herausforderungen zu stellen, und er wird Ihnen helfen, bei Ihren Projekten erfolgreich zu sein. Wenn Sie an einem Menschen, einem Ort oder einer Situation auf eine Weise hängen, die Ihnen nicht länger dienlich ist, sollten Sie Erzengel Michael bitten, die negativen Bindungen mit seinem Schwert zu durchtrennen.

Erzengel Jophiel

Erzengel Jophiel arbeitet mit der goldgelben Schwingung und bringt den Menschen Weisheit und Erleuchtung. Er ist für die Entwicklung des Kronen-Chakras zuständig. Wenn Sie einen Orb anschauen, der seine Energie enthält, wird diese Sie inspirieren und Ihnen helfen, sich mit der göttlichen Weisheit zu verbinden.

Erzengel Chamuel

Erzengel Chamuel ist der Engel des Herzens und schwingt in der rosa Farbe der Liebe. Er bringt Liebe und Mitgefühl und hilft den Menschen, Vergebung zu erlangen. Wenn Sie in einem Orb eine rosa Färbung sehen, ist Erzengel Chamuels Energie präsent.

Erzengel Gabriel

Erzengel Gabriel erscheint als schneeweiß. Er bringt Läuterung, Freude und Klarheit. Wenn Sie in einen dieser strahlenden Orbs schauen, werden Sie diese Eigenschaften empfangen.

Erzengel Raphael

Erzengel Raphael ist der Engel der Heilung und des Reichtums. Er arbeitet mit dem türkisgrünen Strahl und hilft, das dritte Auge zu öffnen.

Erzengel Uriel

Erzengel Uriel ist der Engel des Friedens und der Weisheit. Wenn Sie sich einen seiner Orbs anschauen, empfangen Sie Selbstvertrauen und Gelassenheit. Er wird Ihnen auch helfen, Ihre Ängste aufzulösen.

Erzengel Zadkiel

Erzengel Zadkiel beaufsichtigt die Engel der Transmutation, die mit der violetten Flamme arbeiten. Er ist außerdem eng mit Saint Germain verbunden, jenem aufgestiegenen Meister, der 1987 die Wiederkehr der violetten Flamme der Transmutation während der Harmonischen Konvergenz akzeptierte, damit diese von jedem Menschen auf der Welt benutzt werden kann. Dies markierte den Beginn einer 25-jährigen Periode der Reinigung des Planeten, die im Jahr 2012 endete. Dieses Datum wird in den Mythen fast jeder alten Kultur erwähnt.

Erzengel Zadkiel ist für den Seelenstern verantwortlich, eines der transzendenten Chakras über dem Schädeldach. Wenn man etwas über ihn weiß, kann man sich automatisch leichter auf die Orbs, die sein violettes Licht enthalten, einstimmen. Auf diese Weise können bestimmte Aspekte Ihres Lebens aufgelöst, geläutert und umgewandelt werden.

Erzengel Metatron

Erzengel Metatron ist für das Sternentor verantwortlich, das uns mit der Quelle verbindet. Er arbeitet mit der Großen Pyramide und überwacht die karmischen Aufzeichnungen.

Erzengel Sandalphon

Erzengel Sandalphon ist Erzengel Metatrons Zwilling. Er arbeitet mit dem Erdstern-Chakra, das sich unter den Füßen befindet. Es ist Erzengel Sandalphon, der die Gebete der Menschen zu Gott trägt.

Erzengel Purlimiek

Erzengel Purlimiek ist für die Natur verantwortlich. Nicht viele Menschen haben bisher von ihm und seiner wichtigen Arbeit gehört, aber er tritt nun immer mehr in unser Bewusstsein. Er arbeitet mit den kosmischen Erzengeln und denen der inneren Erde. Er teilt den verschiedenen Elementarwesen ihre Aufgaben zu. So arbeiten zum Beispiel alle daran, die Erosion zu verhindern, aber er beauftragt die Kobolde damit, ganz bestimmte Aufgaben zu übernehmen.

Erzengel Gersisa

Erzengel Gersisa hat eine weibliche Energie. Sie arbeitet mit den Erzengeln Sandalphon und Roquiel zusammen, die an der Entwicklung des Erdstern-Chakras unter den Fußsohlen beteiligt sind.

Ihre Aufgabe besteht darin, die Energie um die Erdstern-Chakras sauber zu halten, ganz egal, ob der betreffende Mensch spirituell schon wach ist oder nicht. Dies tut sie, damit das Licht von der Quelle direkt durch die Menschen hindurch in die Erde fließen kann, um diese zu heilen, wenn die Menschen dazu bereit sind. Sie hilft auch mit, die Leylinien sauber zu halten.

Erzengel Butyalil

Erzengel Butyalil hat eine männliche Energie. Im Kosmos existieren gewaltige Energieströme, welche die Erde beeinflussen. Ihm obliegt es, diese im Gleichgewicht zu halten und die Synergien um unseren Planeten aufrechtzuerhalten.

Um dies tun zu können, arbeitet er mit Erzengel Purlimiek und dem Naturreich sowie mit Erzengel Gersisa und dem Erdreich zusammen. Auch kommuniziert er mit den Erzengeln auf anderen Planeten. Erzengel Metatron und die Einhörner unterstützen ihn ebenfalls bei seinem Werk.

SERAPHIM

Die Seraphim stehen ganz oben in der Engelhierarchie. Sie halten Gottes Schöpfung durch den Klang aufrecht.

EINHÖRNER

Endlich sind die Einhörner zurückgekehrt, um den Menschen der Erde zu helfen. Sie bringen Menschen und Orten Erleuchtung, Reinheit und Liebe. Sie arbeiten mit den Menschen, die eine Vision haben, die anderen Menschen hilft. Ihr Licht ist so intensiv, dass sie ihre Energie herunterfahren müssen, damit sie sich den Menschen nähern können. Wenn sie weit entfernt sind, sehen ihre Orbs wie kleine helle Lichtpünktchen aus, aber wenn sie näher kommen und ihre Schwingungsfrequenz angepasst haben, sind ihre Orbs sehr blass, sogar durchsichtig und viel größer.

AUFGESTIEGENE MEISTER

Darunter versteht man Wesen, welche die Lektionen dieses Planeten gemeistert haben und aufgestiegen sind. Viele von ihnen fungieren als Lehrer auf den inneren Ebenen. Zu den bekannteren gehören Kuthumi, Saint Germain, Kuanyin, Mutter Maria, Lanto. Mehr Informationen über die aufgestiegenen Meister, die derzeit in der geistigen Hierarchie dienen, finden Sie in *New Light on Ascension*[11] von Diana Cooper. Nachfolgend hier nur ein paar Informationen über Kumeka, dessen Orbs in diesem Buch behandelt werden.

KUMEKA

Kumeka ist ein Herr des Lichts und dient gegenwärtig als Chohan oder Meister des achten Strahls. Er hat sich noch nie auf der Erde inkarniert, sondern stammt aus einem anderen Universum, wo er auch aufgestiegen ist. Die Erde hat sich jetzt das Recht seiner Gegenwart verdient. Er ist Diana Coopers Führer und ursprünglich waren Diana und Shaaron Hutton,

11 Deutsch: *Dein Aufstieg ins Licht. Schlüssel zur Entfaltung deines Meisterpotentials.* Hans-Nietsch-Verlag, Freiburg 1999

mit der sie *Discover Atlantis*[12] schrieb, seine einzigen Medien. Heute kann er zehn Millionen Menschen auf einmal berühren. Seine Aufgabe besteht darin, das Alte umzuwandeln und den Menschen der Erde die Erleuchtung zu bringen.

WYWYVSIL

Wywyvsil ist Kathy Crosswells Führer. Er ist ein Herr des Lichts und hat sich niemals auf der Erde inkarniert. Er stammt aus einem anderen Universum und ist erst seit Kurzem hier, um unserem Planeten zu helfen. Er ist eine der Mächte, ein Herr des Karma.

GEISTFÜHRER

Jeder Mensch hat einen oder mehrere Geistführer. Darunter versteht man die Geister der Verstorbenen, die in den inneren Welten dazu ausgebildet worden sind, die Menschen zu führen. Während Ihnen Ihr Schutzengel schon bei der Geburt zugeteilt wurde, ziehen Sie Ihre Geistführer durch die Intensität des Lichtes an, das Sie aussenden. Wahrscheinlich haben Sie mehrere Geistführer, von denen Ihnen jeder bei einem anderen Aspekt des Lebens hilft.

GEISTER

Dies sind die Geister derjenigen, die hinübergegangen sind. Ihre Lieben besuchen Sie auch weiterhin und wachen über Ihnen. Sie kommen zu Festlichkeiten und zu Trauerfeiern. Zudem reisen sie, um ihre eigene Ausbildung in den inneren Welten fortzuführen. Häufig werden sie von einem Engel oder einem Erzengel begleitet. In solchen Orbs können Sie das Licht des Engels sehen, das sie einhüllt.

12 Deutsch: *Entdecke Atlantis. Das Urwissen der Menschheit verstehen und heute nutzen.* Ansata Verlag, München 2006

GESPENSTER

Dies sind die Geister derjenigen, die, nachdem sie ihre Körper verlassen haben, weiterhin an die Erde gebunden sind. Sie sind nicht allein, denn ein Elementarwesen namens Wuryl ist ihnen zugeteilt, das so lange bei ihnen bleibt, bis sie das Licht sehen. In diesem Buch nennen wir sie einfach Geister.

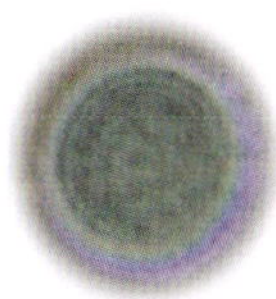

LISTE DER ORB-FOTOGRAFIEN

Kapitel 8 Tiere

Foto Nummer 11 (Seite 70): Bedingungslose Liebe für sich selbst und die Liebe von denen empfangen, die in der geistigen Welt sind

Foto Nummer 12 (Seite 71): Das Bedürfnis erwecken, mit Tieren Kontakt aufzunehmen, und den Frieden zu spüren, der daraus erwächst

Foto Nummer 13 (Seite 73): Heilung für die Seele empfangen

Foto Nummer 14 (Seite 74): Das Wissen empfangen, dass die Menschen ihr Bewusstsein erweitern müssen, um die Tiere mehr zu respektieren

Kapitel 9 Klang

Foto Nummer 15 (Seite 78): Freude und Heilung erfahren

Foto Nummer 16 (Seite 81): Schutz empfangen und die gewaltige Macht des Klangs erkennen

Kapitel 10 Geister

Foto Nummer 17 (Seite 87): Die Erlaubnis der Verstorbenen erhalten, das eigene Leben weiterleben zu dürfen

Foto Nummer 18 (Seite 88): Eine direkte Verbindung zu den Einhörnern finden

Foto Nummer 19 (Seite 89): Liebe und Heilung in der Gewissheit empfangen, dass sie auch für Verwandte und Freunde da ist

Foto Nummer 20 (Seite 90): Liebe, Schutz und Erleuchtung empfangen

Kapitel 11 Elementarwesen

Foto Nummer 21 (Seite 93): Ein Gefühl der Empathie mit den Elementarwesen empfangen

Fotos Nummer 22 und 23 (Seite 94): Energie aus dem Naturreich empfangen

Foto Nummer 24 (Seite 97): Ein Gefühl der Einheit mit der Natur und dem Reich der Elementarwesen empfangen

Kapitel 12 Führer und Meister

Foto Nummer 25 (Seite 105): Ein Gefühl des Willkommenseins und der Zugehörigkeit zum spirituellen Weg zur Erleuchtung empfangen

Foto Nummer 26 (Seite 106): Unterstützung auf dem spirituellen Weg erhalten

Foto Nummer 27 (Seite 107): Das Wissen um die Erleuchtung und die Versicherung empfangen, auf dem richtigen Weg zu sein

Kapitel 13 Erzengel Michael

Foto Nummer 28 (Seite 112): Erzengel Michaels Schutz empfangen

Foto Nummer 29 (Seite 112): Ein Erwachen für höhere Kräfte und Schutz

Kapitel 14 Erzengel Gabriel

Foto Nummer 30 (Seite 114): Eine weitere Stufe der Erleuchtung erlangen

Foto Nummer 31 (Seite 116): Läuterung und Heilung empfangen

Foto Nummer 32 (Seite 119): Mentale Befreiung, ein Gefühl des Friedens, eine Zunahme des Selbstvertrauens und Hilfe bei einem Neuanfang empfangen

Kapitel 16 Erzengel Chamuel

Foto Nummer 33 (Seite 122): Sich der Liebe und der Verbindung zum kosmischen Herzen öffnen

WIDMUNG UND DANK

Kathy möchte dieses Buch ihrem Bruder George widmen, der eine große spirituelle Begabung besaß und in seinem späteren Leben mit leidenschaftlicher Begeisterung Orbs in Aktion fotografierte. Außerdem seinen Kindern Elaine, Kelly, Lorna, Stephen, Jade und Saffron.

Diana möchte dieses Buch ihrem Führer Kumeka, den Engeln und Einhörnern widmen und sich bei ihnen für ihr Vertrauen bedanken und für alles, was sie von ihnen gelernt hat.

Wir möchten allen danken, die uns Fotos von Orbs geschickt haben. Ein besonderer Dank geht an jene, die uns großzügigerweise erlaubt haben, ihre Orb-Fotos zu veröffentlichen.

Prentha Naidu
Radka Jurcgova
Pam Raworth
Riina Lazovskaja
Andrew Wood
Mary Spain
Anne-Marie Bentham
Mandy Whalley
Helen Eggington
Kari Palmgren
Bernadette Gallagher
Jeni Floyd
Erica und Brian Thomas
Glenda Procter
Johanna Pulli
Susan Clayton
Lynda Hughes
Karen Yardley
Alison Relleen
Eunjung Choi
Cindy Bramhall
Patricia Haasbroek
Liz House
Chris und Joy Saloschin
Rosemary Stephenson

Außerdem möchten wir Sue Stone, der Autorin von *Love Life, Live Life*, Steve Bishop und Diana Crosswell für ihre großherzige Unterstützung danken. Thierry Bogliolo, Sabine Weeke und unser Lektor Michael Hawkins von Findhorn Press haben uns ebenfalls sehr geholfen.
Aber vor allem danken wir unseren Führern Kumeka und Wywyvsil, Erzengel Michael und den großen Wesen, die mit uns gearbeitet haben, um dieses Buch der Öffentlichkeit präsentieren zu können.

Literaturhinweise: Bücher von Diana Cooper

Der Engel-Ratgeber. In jeder Lebenslage Schutz, Beistand und Trost durch die himmlischen Wesen finden. Ansata Verlag, München 2003

Der spirituelle Lebens-Ratgeber. Im Einklang mit dem Universum fühlen, denken, handeln. Ansata Verlag, München 2003

Entdecke Atlantis. Das Urwissen der Menschheit verstehen und heute nutzen. Ansata Verlag, München 2006

2012. Die Welt nimmt Kurs auf das neue Goldene Zeitalter. Mit Meditations-CD. Ansata Verlag, München 2009

Orbs. Wegbereiter für den Aufstieg ins Licht. Ansata Verlag, München 2010

Der große Übergang 2012–2013. Prognosen für die Menschheit und ihre Bewusstseinsentwicklung. Ansata Verlag, München 2011

Tara und die Zauberkatze. Ansata Verlag, München 2012

Tara und die Zauberkatze im Reich der Engel und Feen. Ansata Verlag, München 2012

Ich schenke mir ein neues Leben. Sieben Schritte zu mir selbst. Heyne Verlag, München 2005

In Licht und Liebe leben. Entdecke, wozu du bestimmt bist – und tue es! Heyne Verlag, München 2006

Die Kraft des inneren Friedens. Aus der inneren Mitte Zuversicht, Gelassenheit und Freude schöpfen. Heyne Verlag, München 2007

Begegne deiner Seele. Befreie dein Herz und empfange die Energie des Universums. Heyne Verlag, München 2007

Das Wunder des Einhorns. Begegnung mit den erleuchteten Wesen der siebten Dimension. Heyne Verlag, München 2011

Die Engel, deine Freunde. Vom Wirken himmlischer Mächte im Alltag. Heyne Verlag, München 2008

Der neue Engel-Ratgeber. Schutz, Beistand und Trost finden in jeder Lebenslage. Heyne Verlag, München 2010

Die Engel antworten. Himmlische Hilfe für die wichtigsten Lebensfragen. Ansata Verlag, München 2011

Schlüssel zur höheren Welt. Entfalte die Energie und Weisheit des Universums in dir. Heyne Verlag, München 2012

Websites

www.dianacooper.com
www.kathycrosswell.com
www.healingorbs.com